MANUEL

DU

MUSÉUM FRANÇAIS.

Neuvième Livraison.

On trouve chez les mêmes Libraires :

Manuel du Muséum français, première livraison, *Œuvre du Poussin*, de l'école française, 1 vol. in-8. avec 19 grav. 3 fr. pour Paris, et 4 fr. franc de port.

—— dit — Seconde livraison, *Œuvre du Dominiquin*, et de Spada, de l'école italienne; 1 vol. in-8. avec 20 grav. 3 fr. et 4 fr. franc de port.

—— dit — Troisième livraison, *Œuvre de Rubens*, de l'école flamande, 1 vol. in-8. avec 48 grav. 9 fr. et 10 fr. 50 cent. franc de port.

—— dit — Quatrième livraison, *Œuvre de Raphaël*, de l'école italienne. 1 vol. in-8. avec 39 grav. 9 fr. et 10 fr. 50 cent. franc de port.

—— dit — Cinquième livraison, *Œuvre de Le Brun*, de l'école française, 1 vol. in-8. avec 34 gravures, dont plusieurs doubles. 9 fr. et 10 fr. 50 cent. franc de port.

—— dit — Sixième livraison, *Œuvre de Van Ostade*, *Gerard Dow*, *Van Dik*, de l'école flamande, 1 vol. in-8. avec 49 grav. 9 fr. et 10 fr. 50 c. franc de port.

—— dit — Septième livraison. *Œuvre de Vernet*, de l'école française, 1 vol. in-8. avec 30 gravures. 7 fr. 50 c. et 8 fr. 50 c. franc de port.

—— dit — Huitième livraison, *Œuvre du Titien*, de l'école italienne. 1 vol. in-8. avec 24 gravures. 6 fr. et 6 fr. 75 c. franc de port.

N. B. Chaque livraison, ou œuvre d'un grand maître, se vend séparément.

MANUEL
DU
MUSÉUM FRANÇAIS,

Contenant une description analytique et raisonnée, avec une gravure au trait, de chaque tableau, tous classés par *Écoles*, et par *Œuvres* des grands maîtres.

PAR F. E. T. M. D. L. I. N.

ÉCOLE ITALIENNE.

ŒUVRE DE PAUL VÉRONÈSE.

A PARIS,

Chez TREUTTEL et WÜRTZ, Libraires, rue de Lille, n°. 17, derrière les Théatins.

Et à STRASBOURG, même Maison de Commerce.

1806.

VIE DE PAUL VÉRONÈSE.

On pourrait dire que Paul Véronèse n'était d'aucune école : en effet, il en est une à lui seul, il a créé un genre de peindre qui n'était point encore connu, et qui, depuis lui, n'a pas reparu. Les tableaux des plus grands maîtres près des siens sont l'art de la peinture, dans son sublime, il est vrai ; mais les siens sont la nature même : il n'est besoin pour l'admirer ni de connaissance dans cet art, ni de tact de sentimens, ni de pensée. Tout être humain qui passera devant, sera frappé ; la vérité absorbera toutes ses idées, et celle de se croire faire partie de ce qu'il a sous les yeux, peut seule le faire sortir de son extase, par le desir naturel de changer de place. C'est peut-être seulement ainsi que serait desirable la bonne peinture, si nos ames avaient encore les goûts simples et naturels ; mais les mœurs polies nous ont donné d'autres besoins, d'autres délicatesses; et comme on aime à répéter, dans les appartemens les plus tristes, les images fraîches et riantes de la nature dans ses plus beaux momens du jour, et tels que souvent ne l'a jamais vue son propriétaire; on aime aussi des expressions fortes et sensibles des traces de sentimens de ces beautés de caractère toujours idéales, et qu'on ne rencontre presque point, on pourrait même dire jamais dans les figures de société. Mais aussi l'homme simple des champs pourrait bien prendre nos salons pour des tableaux, et les Paul Véronèse pour la nature: la pose naturelle de ses figures, la franchise et la naïveté des expressions, les groupes, les occupations, tout est si hardiment vrai, qu'on croit vivre avec ceux qu'on voit, et les connaître depuis longtems. Paul Véronèse a été apprécié pendant sa vie, mais sûrement pas autant qu'il le méritait; et si l'on avait senti combien cette manière grande et franche de faire de la peinture, était précieuse, on aurait suivi cette route ouverte à tous, même à ceux dont la pensée lente ne sert pas toujours le pinceau; des évènemens simples, rendus avec cette vérité, auraient des charmes dans tous les pays; et si le peintre, en se rendant quelquefois justice, renonçait à être poète, il pourrait toujours être peintre d'histoire; mais pour peindre celle de tous les jours comme il la verrait. Si les grands tableaux de Paul Véronèse, après deux siècles, produisent encore, au milieu des plus beaux ouvrages connus, un si prodigieux effet, et que l'on ne peut attribuer ni au sujet, ni à la poésie, par l'invraisemblance marquée des costumes; si l'ordonnance de ses compositions, leurs variétés, les mouvemens de ses figures et le gracieux de ses têtes suffisent pour fixer l'intérêt et l'attention, qu'on juge combien des tableaux faits dans ce genre et qui n'auraient pas ces légers défauts, seraient précieux pour les contemporains. Cette grande manière, qui semble être la primitive école de la peinture, est celle qui affecte plus fortement. On n'a pas besoin de dire à un homme quel qu'il soit, ceci est beau, est admirable, il l'a vu avant que vous le lui disiez, et il ne vous entend plus. Paul Véronèse a été le Molière de la peinture ; il parle à tous les yeux, comme Molière a parlé à toutes les classes, à tous les états, et sans doute si une seule langue pouvait être entendue de tout le monde, ce serait celle qu'il faudrait adopter.

Les talens de Paul Véronèse furent jugés de bonne heure ; et comme ses ouvrages paraissent être venus sans soins et sans peines, il est probable qu'ils n'eurent point d'enfance, et que ses premiers tableaux dirent ce qu'il serait un jour. Il fut encouragé ; le sénat le mit en concurrence avec les premiers peintres vénitiens : vainqueur, une chaîne d'or, prix de la victoire, lui fut décernée aux applaudissemens même de ses rivaux, qui, consultés séparément par les juges, furent tous du même avis.

Le Guide disait que s'il avait à choisir un rang parmi les peintres, il voudrait être Paul Véronèse ; que dans tous les autres, on reconnaissait l'art, mais que chez Paul la nature se retrouvait, et l'illusion devenait la réalité. Un des premiers tableaux qui apprit à le connaître, et qu'il fit dans le réfectoire des Pères St.-Lazare, était Notre-Seigneur chez Simon-le-Lépreux. De retour à Venise, il continua les morceaux de St.-Sébastien, toujours en concurrence avec les plus grands maîtres; ensuite il accompagna le procurateur Geminiani à Rome, où la vue des chef-d'œuvres de Raphaël et Michel-Ange achevèrent de former le grand peintre. Il devint chevalier de St.-Marc; et l'amour de son art le conduisant seul avec une grande générosité de caractère, il ne s'occupa que pour la gloire, peu jaloux d'un autre prix de ses ouvrages; à peine exigeait-il les frais que lui coûtait chaque tableau. Vivant sans songer à ses affaires, elles devenaient quelquefois assez mauvaises pour l'obliger à se soustraire à ses créanciers; alors les moines lui donnaient un asyle, manière de payer qui leur paraissait plus commode; il fit beaucoup de tableaux pour eux, toujours à un prix très-modique; mais il avait une facilité extrême; il faut comprendre sa manière pour avoir le résultat de la quantité qu'il en a pu faire. La vie de trois peintres modernes ne suffirait pas, et quoiqu'il soit mort, jeune encore, les princes, les cardinaux, les moines ont orné leurs palais et leurs églises de ses ouvrages. L'ancienne collection de Louis XIV se montait à vingt-six de ses tableaux. Son génie ne se fatiguait pas : obligé de refaire les mêmes sujets, on ne le voit pas se répéter; de nouveaux moyens se trouvaient; son pinceau et ses succès furent toujours les mêmes. Plein de franchise et de générosité, il fut l'ami de ses rivaux; le Titien, le Tintoret avaient pour lui la plus parfaite estime; ils furent en concurrence ensemble, et une si noble émulation sûrement n'a pas peu contribué à ses progrès. Heureux par la considération qu'il s'était acquise parmi ses compatriotes, il ne voulut pas accepter les offres du roi d'Espagne, qui le demandait pour orner son palais de l'Escurial; il prit pour prétexte plusieurs grands ouvrages commencés, et envoya Frédéric Zucchero à sa place. L'activité de ses travaux lui acquit cependant de la fortune; il maintint honorablement sa famille; il aimait à soutenir, avec noblesse, la dignité des arts; toujours magnifiquement vêtu ; vivant avec les plus grands seigneurs, Paul Véronèse ne fut pas obligé à une démarche pénible pour obtenir dans le monde le rang qu'il méritait ; et cette noble assurance de soi, compagne des grands talens, le plaça toujours avec avantage. Il avait une grandeur d'ame et une générosité si naturelle, que ce n'était pas vertu pour lui, mais plutôt caractère, et ses ouvrages paraissent bien aussi inspirés par cette indépendance d'opinion, qui toujours est le cachet d'un génie élevé et d'une ame peu commune. On cite de lui que, surpris dans les environs de Venise par un mauvais tems, il demanda l'hospitalité dans la maison de campagne des Pisani, où il fut reçu avec la considération la plus affectueuse; pendant qu'il y resta, il peignit la famille de Darius, tableau extrêmement grand, et dans lequel on dit qu'il y a vingt figures; il roula la toile, la cacha sous son lit, et les quitta sans leur en parler, en les remerciant seulement de la grace avec laquelle ils l'avaient accueilli. Peu de jours après, il les pria de prendre ce tableau, comme l'offrande du voyageur, en reconnaissance des bons traitemens qu'on lui avait prodigués. On ne peut être étonné qu'il ait fait, en si peu de tems, un si grand ouvrage ; il peignait avec une rapidité étonnante ; ces couleurs semblent posées vierges dans leur première pureté, sans mélange ; sa palette était la toile sur laquelle les couleurs se mêlaient et prenaient alors les tons de demi-teintes et d'ombres largement étendues sans noir, sans ces tons crus, effet ordinaire des couleurs primitives.

La transparence des ombres fait l'effet de la nature dans ses tableaux ; une draperie est bleue primitivement, le soleil vient l'éclairer ; mais c'est accidentellement qu'il y a des ombres et de la lumière, et le bleu était dessous; la lumière réfléchie dessus n'est plus qu'un glacis qui change les reflets ; et l'on est bien tenté de croire, s'il est possible de comprendre les secrets d'un pareil talent, que Paul Véronèse, si scrupuleux copiste de la nature, faisait d'abord, comme elle, une draperie bleu-cru ; puis ensuite il y mettait son soleil et ses ombres que leur transparence peut faire supposer des glacis. Il est bien sûr que cette manière à-la-fois fraîche, grande et simple, pouvait seule avoir ce résultat brillant, qui met les tableaux de Paul Véronèse en état de soutenir la nature même sans détruire l'illusion. On a raconté que, finissant un tableau représentant les Noces de Cana, des habitans de la campagne vinrent le voir, le trouvèrent assis devant, et supposant qu'il était en compagnie, demeurèrent à la porte sans oser s'approcher, et seraient restés là, si Paul Véronèse ne s'en fût aperçu, et ne leur eut demandé ce qu'ils voulaient. On peut juger quelle fut leur surprise et leur admiration, quand ils reconnurent leur erreur, et qu'une toile seule avait pu la causer. Il est remarquable que ce peintre n'eut point d'ennemis, et qu'il fut à l'abri de la jalousie qu'inspirent toujours les grands talens; peut-être la route qu'il avait prise seul, ne lui donnant point de rivaux, lui laissa les plaisirs de la gloire, sans l'amertume qui les trouble souvent.

L'aimable franchise de son caractère y contribua sûrement aussi; c'est peut-être l'arme la plus victorieuse contre l'envie, et à laquelle il est impossible que le méchant même résiste. La jeunesse de Paul Véronèse ne paraît pourtant pas cultivée par une éducation recherchée. Son père, sculpteur, et n'ayant point de fortune, le destina à l'être lui-même, et essaya de le faire modeler.

On reconnaît dans ses tableaux que cet art lui était familier, et ses premières leçons lui laissèrent, pour toujours, cette hardiesse franche dans les plans de ses figures, qu'on lui a reproché quelquefois n'être pas assez corrects et un peu heurtés ; mais à quelques pas, tous ces défauts disparaissent, l'effet y gagne, vu de trop près, les détails perdent. Son génie, pour la peinture, se déclara bientôt.

Il abandonna l'atelier de son père, dont le vrai nom était Gabriel Galiari, pour aller dans celui de son oncle Babile, peintre, qui passait dans Vérone pour un homme de talent. Il peignit, chez lui, une Vierge assise, avec deux Saints à ses pieds. Ce fut alors que le cardinal Hercule Gonzague jugea ce qu'il serait un jour. Il le mena à Mantoue, où il fit, pour la grande église, deux différentes tentations de Saint-Antoine. C'est de là qu'il partit et commença sa carrière. Bientôt il fut connu; sa réputation s'accrut comme ses talens, et Paul Véronèse eut le bonheur bien rare, pour ceux qui cultivent les beaux-arts, de jouir, pendant sa vie, du fruit de ses travaux.

ECOLE ITALIENNE

33.P

22.P

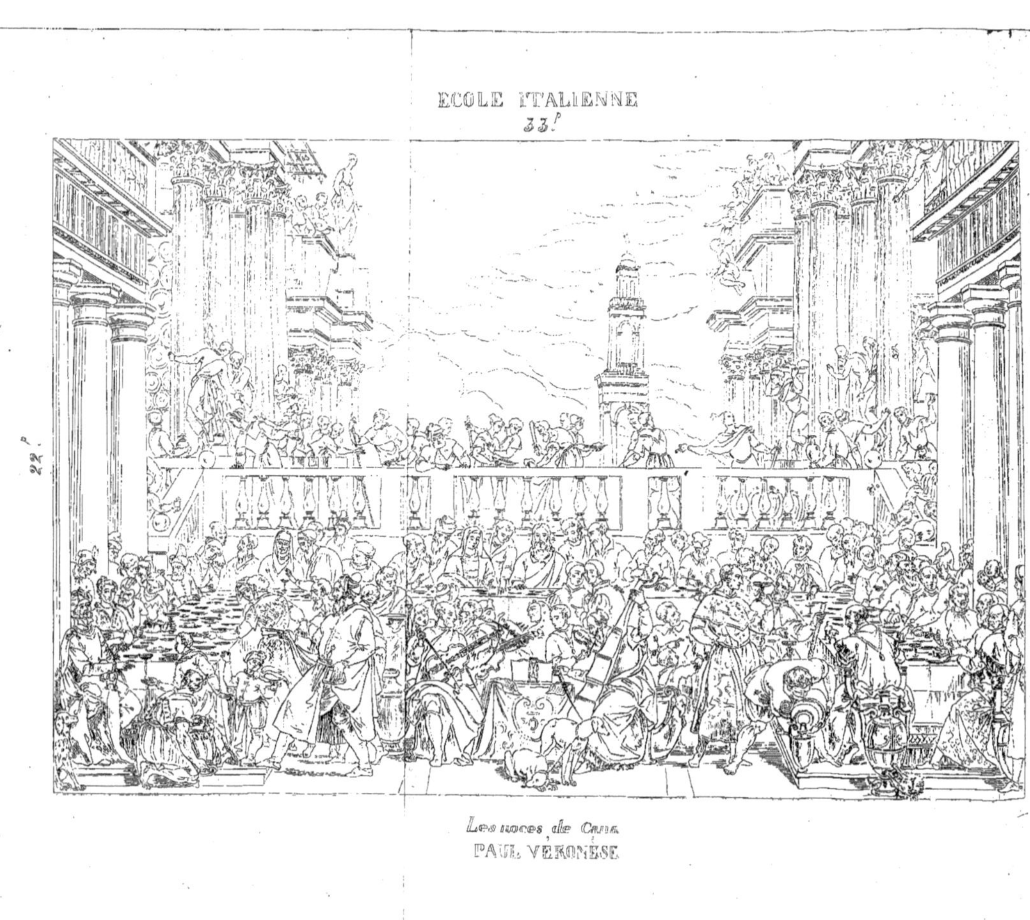

Les noces de Cana

PAUL VÉRONÈSE

LES NOCES DE CANA.

POUR répondre d'abord et d'un mot, à toutes les objections que la critique a le droit de faire à ce tableau, il faut changer le titre de l'ouvrage, et dire, ce ne sont point les Noces de Cana, c'est la représentation d'un festin quelconque dans un pays dont les costumes n'étaient pas encore connus. Il restera l'œuvre de l'artiste, c'est-à-dire, la pensée et l'exécution. Roger de Pise a dit que c'était le *chef-d'œuvre de Paul Véronèse*, et peut-être bien de la peinture ; ce *peut-être* est d'un grand poids.

A côté de ce tableau, tous les autres, tous, sans exception, ont l'air peints ; celui-ci, à côté de la nature, n'a pas l'*air peint* ; c'est la nature fixée et rendue invariable par un enchantement des personnages qui les a saisi d'immobilité. Les naturalistes ont cru remarquer certaines nuances entre les différens règnes ; ce tableau fait la nuance entre la nature et l'art.

Tout ce que l'art appelle des règles y est contredit et blessé; point d'opposition, point de contraste, point de balancement, point de pyramides, ou plutôt tout cela s'y rencontre comme dans la nature, où tout se trouve fait, sans que l'on puisse dire que cela ait été fait.

On voit d'abord que l'artiste représente l'action telle qu'elle dut se passer, sans chercher une composition et des effets pittoresques; une table en fer-à-cheval et l'orchestre dans le vide du milieu, tout dérive de cette première disposition, tout en dérive naturellement en tenant chaque chose à sa place. Voilà tous les personnages assis, et cette ligne *nécessairement* uniforme se trouvera aussi *nécessairement* rompue par le mouvement des hommes de service qui, *nécessairement*, seront debout. Voilà les trois premiers plans bien établis, et à leur place; les autres, qui ne seront plus que des accessoires, sortiront du fond de la décoration, des personnages employés au service extérieur et des curieux que l'ordre naturel des choses amènent aussi *nécessairement* au spectacle d'une grande fete. Le lieu de la scène est un vestibule ouvert au grand jour; la lumière du tableau est vraie pour cette donnée; le jour vient de la gauche à la droite du tableau, et place naturellement toute la partie gauche dans la demi-teinte, et toute la droite dans la lumière; mais l'un et l'autre tellement ménagés, que le passage en est insensible à l'œil; et qu'en regardant chacune de ces parties isolément, on peut croire que chacune est un tableau, dont l'effet est indépendant. Aussi, on ne trouve plus ni masse d'ombre pour faire valoir le foyer de lumière, point d'ombre noire mise là pour faire ressortir les points lumineux; l'œil se promène d'un bout à l'autre de la composition, la parcourt sans rencontrer de ces intervalles savamment obscures, où il ne voit plus rien; tous les corps auront du relief, sans être blancs d'un côté et noirs de l'autre; les choses y seront plus ou moins brillantes, selon leur couleur locale; mais la lumière et l'ombre répandus, sans être distribués, ne feront ni masses, ni taches, parce que chaque chose aura près d'elle son motif et sa raison suffisante.

Lorsque le tableau des Noces, dites de Cana, fut exposé au Muséum de France, les jeunes élèves, déja artistes, furent consternés, ils dirent : « nous nous sommes per-» dus, nos maîtres nous ont égarés. » Ils s'égaraient aussi dans ce découragement. La transfiguration est autre chose, et n'est pas moins le chef-d'œuvre de l'*art* : la peinture comme la littérature a un coloris pour la poésie, un autre pour la prose ; chacun a un sublime qui lui appartient, celui de l'imagination et celui de la vérité.

Le fond du tableau suppose une terrasse qui réunit deux grands corps de bâtimens, l'architecture en est un peu idéale, toutes les fabriques du fond supposent une construction toute en marbre blanc, neuf ; mais la perspective en est parfaitement tracée. Toute cette partie est peinte par le frère de Paul Véronèse, qui était chargé de cet accessoire dans tous ses tableaux. Le groupe de musiciens, qui appelle d'abord l'œil dans le milieu de la scène, a un motif d'intérêt de plus comme portrait d'hommes célèbres ; l'auteur joue du violoncelle, le Titien y joue de la basse, le Bassan du violon, et le Tintoret regarde. Les autres figures sont aussi des portraits, du moins ce sont des études d'après nature, et il est aisé de le reconnaître au ton et au trait qui les caractérise. Tout ce groupe, qui fait les premiers plans, forme un repoussoire très-motivé pour tout le reste du sujet, et tient une place distinguée, mais en même-tems utile dans l'ordonnance générale. Ce groupe n'appelle pas l'œil par une lumière vive qui nuirait à l'effet des autres personnages; mais cet avantage est remplacé par le choix de couleurs des étoffes. Le blanc de la robe de Paul Véronèse, le cramoisi foncé de celle du Titien, sont là pour animer le premier plan et le détacher des figures du fond qui seront en demi-teinte ou vêtues de couleurs plus sourdes. Le même principe l'a guidé pour distinguer en avant la figure debout, qui tient une coupe pleine de vin : cette figure, c'est le portrait de Benedette son frère, celui qui a peint l'architecture ; c'est la seule figure debout et développée ; sa draperie fond blanc, brochée en or, est là pour soutenir le vêtement bleu, verd à fleurs d'or et jaune-clair, des deux premiers convives assis au bout de la table, et faire entrer en harmonie toutes les étoffes brillantes et voisines.

Cette combinaison de couleur et de teinte est tellement bien calculée, que si l'on suppose cette figure de Benedette à la place de la figure d'un gros et gras maître-d'hôtel ou chef de cuisine qui lui fait pendant de l'autre côté du groupe du musicien, et que le peintre a couvert d'une robe brune et sombre, tout l'effet du tableau serait détruit, parce que les figures principales, que l'on voit assises au second plan, où elles sont dans la lumière qui les distingue, se trouveraient éclipsées, et en terme d'art *tuées* par la couleur plus brillante d'une figure plus développée et sur un plan plus rapproché. Cette figure du maître cuisinier est dans une action qu'un ancien usage explique dans les grands festins; le chef de cuisine venait au dessert, faisait sa ronde pour recevoir des complimens et demander des dragées et des confitures. Celui-ci tient le pan de sa robe en avant pour y recevoir les dons de la gratitude; il a mis par propreté sa robe habillée par dessus ses vêtemens de cuisine, où l'on reconnaît encore un pantalon gras et sale ; il est d'ailleurs reconnaissable à son grand couteau qui n'est point un poignard, et sa coîffure d'une serviette qui n'est point un turban. Paul Véronèse prenait les costumes de son tems et les accommodait à ses figures, sans trop se soucier de la partie historique, et ce n'est point en cela qu'il est modèle à suivre. De ce même côté, à la place d'honneur, est le marié très-remarquable par son insouciance et son air gauche et emprunté. Paul Véronèse se permettait d'égayer ses peintures. L'attitude des deux premiers doigts du marié est très-significative ; il a aussi sur ses genoux un doguin qui gronde, un bel épagneul qui le regarde avec envie et avec une expression qu'il serait difficile de mieux rendre sur le visage d'un chien. La poésie italienne, à cette époque, donnait, à la peinture, l'exemple de ce mélange de sérieux et du burlesque dont l'Arioste et Bocace ne dédaignaient pas l'emploi. Une tradition, plus que des titres historiques, a appliqué des noms et des ressemblances.

On dit que ce marié est le portrait d'un marquis *del Guasto* ; que l'épousée est celui de la femme de François Ier., roi de France, quoique cette tête, peu signifiante, aie plutôt les traits d'une composition idéale, que ceux d'une ressemblance étudiée ; le peintre, pour faire ressortir cette figure, lui a donné une robe éclatante, fond blanc à fleurs bleu-céleste ; mais cette étoffe n'est pas assez caractérisée, et joue un peu trop la faïence, la tête est un peu pastel ; derrière elle, est ce qu'on appelait alors un fou, tel qu'il y en avait dans toutes les cours ; personnages burlesques, et qui, dans les noces, avaient le privilège de tenir des propos gaillards à la mariée. La tête de ce fou est un modèle du goût grotesque. Près de la mariée, on croit voir François Ier ; il paraît s'occuper beaucoup d'elle, et en cela, au moins, il est reconnaissable. Sa tête est surmontée d'une coîffure bisarre, mais le raccourci du visage est savamment dessiné. A côté de lui, une jeune femme, dans une attitude gracieuse, est, dit-on, Marie, reine d'Angleterre ; puis un Maure dont la tête d'un caractère bien mauresque et pleine de physionomie ; puis le grand turc Soliman II. Sans doute ces portraits furent faits de réminiscence. Sa coiffure est plutôt celle d'un doge de Venise à corne ducale, qu'un turban. Son costume aussi n'est pas turc, mais, ainsi que tous les autres, un jeu de l'imagination du peintre avec souvenir des habillemens en usage dans le Levant. Vient ensuite une jeune et jolie dame, qui porte, avec grace, un cure-dent à sa bouche ; c'est la femme du marquis de Pescaire. Enfin, près d'elle, à l'angle de la table, Charles-Quint, dit on, vu de profil et portant, aux Noces de Cana, son ordre de la Toison-d'or ; les autres personnages, jusqu'à la Vierge, n'ont point obtenus de nomenclature ; mais tous sont en action, tous offrent une variété de pose, de costume qui ne laisse point la scène froidement en repos. Le vieillard, à la droite de la Vierge, lui dit bien qu'on vient de l'avertir que le vin manque. La figure de la Vierge est parfaitement belle et noble de pose et de costume ; son âge est exprimé et dans son attitude réservée, et comme disent les Italiens, *ritrosa*, le peintre a voulu rendre l'impression un peu pénible que vient de lui faire la réponse de son fils : *Femme, qu'y a-t-il entre vous et moi.* La personne de Jésus est aussi très-belle, et prouve que Paul Véronèse savait s'élever du grotesque au beau idéal; le visage dit bien qu'un miracle s'opère, la physionomie est toute en action par le mouvement des traits, les yeux sont fixés, les narines s'ouvrent, la bouche parle, mais la dignité est maintenue; de toutes les figures du tableau, c'est la seule droite d'à-plomb et en repos. A la gauche du Christ, on trouve deux cardinaux qui, apparemment, se trouvèrent sous la main du peintre pour poser. Ces deux têtes ont une expression bien prononcée ; l'une exprime la foi entière et résignée ; l'autre, l'étonnement et l'admiration. Un peu plus loin, vers le bout de la table, est un personnage, dont l'auteur seul pourrait dire l'intention. On peut remarquer qu'il a mal à un œil et qu'il tient un linge. On pourrait regretter le tems qui serait employé à deviner ces sortes d'énigmes, qui sont tout au plus des à-propos contemporains, mais perdus pour la postérité. Depuis ce personnage jusqu'au bout de la table, toutes les figures sont dans la demi-teinte, et toutes dans un ton de clair-obscur transparent ; toutes les têtes sont dans l'ombre portées par le bâtiment qui ferme la terrasse ; et dans cette autre partie, les effets sont tellement ménagés et les ombres des corps si solides, que toutes ces figures tiennent parfaitement à leurs plans, et ne sont nullement déplacées par les effets lumineux et brillans qui éclairent les personnages assis. A l'autre bout de la table, il ne faut pas oublier cet homme dans la partie gauche, qui verse du vin d'un vase dans un autre, son attitude est un chef-d'œuvre de dessin pour le raccourci et le coloris, par les teintes qui sont employées pour faire voir et faire valoir ce raccourci. Toute la scène du fond, qui forme le troisième plan, est, non pas le service, car il ne serait pas dans l'ordre d'apporter et de découper les viandes au dessert. Toute cette partie du tableau représente le moment de la desserte ; et l'artiste a voulu rappeler une magnificence usitée dans son siècle, celle de distribuer au peuple les mets desservis après le repas de grand apparat. On voit ici, au milieu, un homme, le couperet à la main, partageant les morceaux; un pauvre, tenant un bâton, emporte sa portion qu'un serviteur vient de lui remettre; un autre est occupé sur la plinthe de la balustrade, à tenir, sur une feuille, registre de ceux qui ont reçu. Au-dessus de ce contrôleur est un grand buffet de vaisselles placé entre des colonnes, et il n'est pas aisé de motiver cette disposition dans un emplacement peu convenable à un buffet. Sur le quatrième plan et dans les hauts, sont des personnages curieux qui ne peuvent avoir d'autres intérêts, que d'enrichir le fond du tableau; tout y est bien ordonné, groupé, disposé à l'effet. On voit seulement, sur un fronton à droite, deux ou trois figures un peu hasardées dans la place qu'elles occupent.

L'architecture est parfaitement symétrique des deux côtés du tableau; elle est dans le très-beau style grec, élégant, riche et d'une très-belle proportion. Il faut toujours oublier que la scène soit les Noces de Cana. Un village de la Judée n'avait pas des palais de cette magnificence; la fabrique, qui sort du milieu, n'est pas d'à-plomb, et tient trop par ses formes aux pagodes et aux kiosks chinois; la perspective est correctement tracée, et suppose que le point de vue est près d'un lieu assez élevé au-dessus du premier plan.

On peut remarquer quelques légères erreurs dans les détails : par exemple, la balustrade, placée à sa droite au-dessus de l'entablement, et où l'on aperçoit la tête d'un chien passée entre les balustres, n'est pas, comme elle devrait être, d'à-plomb au-dessus de l'architrave. Il y a là un porte-à-faux sur la corniche. Le ciel est d'une belle et brillante lumière; l'outremer n'y a pas été ménagé. Aussi contraste-t-il avec les parties nébuleuses où les blancs ont poussé, sont altérés, et même semblent l'être par des retouches qui en ont, en quelques endroits, brouillé la pureté primitive.

Si l'on veut maintenant porter une critique rigoureuse dans les détails, on trouvera des parties négligés sur toutes les extrémités des figures; les pieds sont presque toujours incorrects.

Paul Véronèse avait plus d'idée du beau naturel que du beau idéal dans le dessin. Presque toutes les têtes, de ce tableau, sont des portraits; l'ordonnance et le coloris en font par tout le mérite. En regardant attentivement, on reconnaît bien l'art qui a ménagé des contrastes dans les dispositions des figures et dans leurs couleurs locales, tellement que les couleurs amies sont toujours rapprochées, tandis que les couleurs tranchantes sont réservées pour faire ressortir les objets d'un plan sur l'autre. Ce tableau offre une profonde étude à faire en ce genre.

Si l'on examine, avec soin, la couleur locale de chaque objet, on verra qu'il n'y en a pas un qui soit motivé et mis en place, pour concourir à l'effet général.

On a pu, en étudiant ce tableau, deviner en partie la manière de peindre de Paul Véronèse. Il paraît qu'il obtenait ces effets brillans de couleur, qui étonnent et arrêtent l'œil par des procédés différens, de ceux employés ordinairement. Ses ombres ne sont point peintes par un empâtement mélangé du noir avec la couleur locale. Il paraît à leur transparence, que cette couleur locale était d'abord appliquée à cru, et qu'ensuite, les glacis, supperposés à sec, formaient les ombres et laissaient toujours percer la couleur locale; il paraît aussi qu'il savait relever les touches claires et brillantes avec des couleurs à l'eau, appliquées sur les couleurs à l'huile presque sèches. Ses chairs aussi ont une couleur franche, qui suppose peu de mélange dans les teintes; tout cela est rendu sensible en ce moment où l'on peut comparer ce tableau avec deux Rubens des plus fortement colorés, et qui se trouvent placés à côté de lui.

ECOLE ITALIENNE

22.

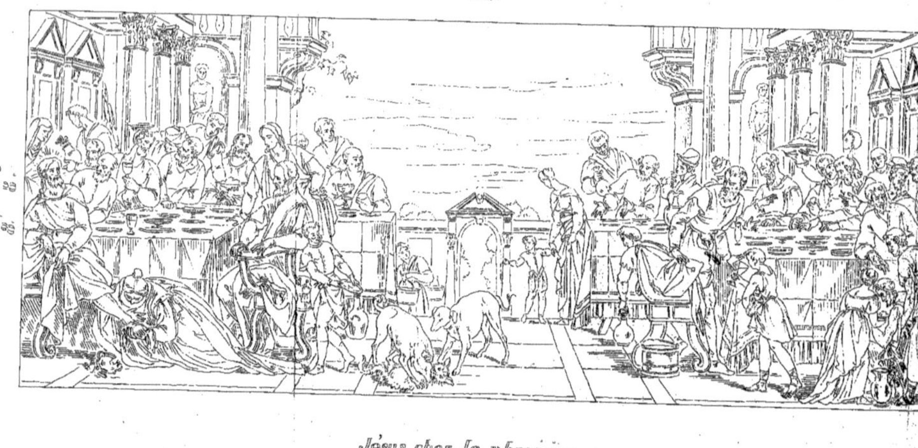

Jésus chez le pharisien

PAUL VÉRONÈSE

JÉSUS CHEZ LE PHARISIEN.

Des quatre festins de Paul Véronèse, celui-ci a le moins d'apparence ; la composition est moins riche, le local moins décoré, la couleur moins brillante, et cependant le mérite caché de ce tableau se décèle à l'œil attentif; Simon-le-Lépreux n'était pas un publicain étoffé ; le site est simple et doit l'être. Tous les personnages ont bien leur caractère ; l'attitude de Jésus dit bien ses paroles : « Pourquoi dites-vous qu'il eût mieux valu vendre ce parfum et le donner aux pauvres, vous aurez toujours des pauvres avec vous, et vous ne m'aurez pas toujours avec vous. » La tête a de la sévérité et de la dignité ; la figure de Marie suffirait pour faire reconnaître Paul Véronèse ; un raccourci savant, où tout est senti et exprimé ; une nature forte, plus correcte qu'élégante et gracieuse ; la pose de Marthe est parfaite comme caractère donné; une ménagère active, agissante, délibérée; elle a la position d'une femme qui fait tout, et qui se repose un moment; sa taille, sa tournure et son costume conviennent aussi à son caractère; ce sont là des à-propos de sentiment et de convenance que l'exécution seule n'atteint pas.

On croît que le maître de la maison est le personnage assis à côté de Marie prosternée; il a l'aisance d'un homme chez lui. Le peintre a cherché à rendre sur son teint la couleur qu'il a supposé à un homme frappé de la lèpre; n'ayant pas eu de modèle et point de terme de comparaison, on ne peut juger s'il a réussi, mais il a rendu l'effet de cette maladie *cutanée*, qui n'ôtait point les facultés et ne débilitait pas les forces. Les personnages des apôtres sont tous désignés selon leurs figures connues; St. Pierre, chauve; Thomas, gras; St. Jean, jeune et beau; Judas se retourne en disant les paroles qui lui attirent la réprimande du maître; son maintien est atroce, il va se lever de table pour aller le vendre.

C'était le goût du peintre d'occuper les vides par des combats de chiens et de chats; on préférerait autre chose, et cela n'est pas modèle; c'était aussi un systême à lui de faire toujours une architecture symétrique de chaque côté de la scène; cette tranquille uniformité semble contraster avec le mouvement des figures; ce tableau ne perd que par la comparaison des trois autres.

———

15.P

ECOLE ITALIENNE

30.P

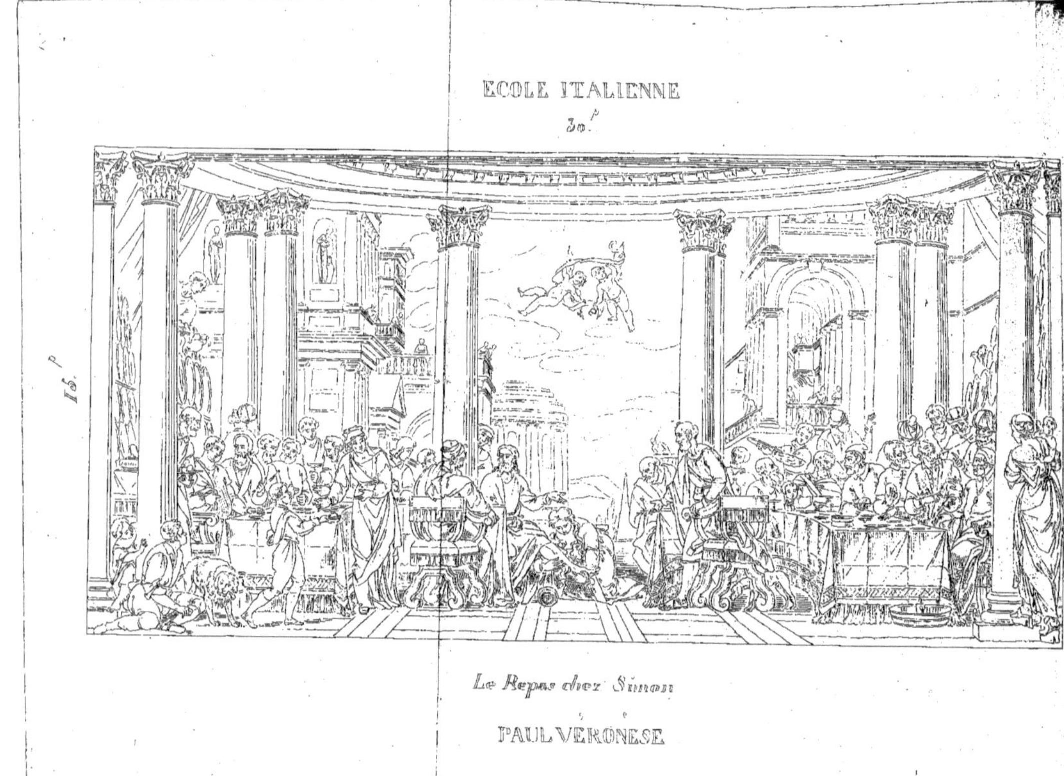

Le Repas chez Simon

PAUL VERONESE

REPAS CHEZ SIMON.

C'est le même sujet et la même intention de composition, les mêmes figures principales dans les mêmes attitudes, mais autrement placées; l'artiste a sacrifié ici la localité historique à la magnificence de l'exécution; l'architecture est plus riche que dans les trois autres festins; elle est aussi mieux perspectivée que dans les Noces de Cana, où, pour concilier les points de vue avec la grandeur du cadre, Paul Véronèse établit un point de vue pour le spectateur éloigné et un autre pour le spectateur rapproché; cette industrieuse licence n'avait pas d'exemple et n'a pas eu d'imitateurs; ici l'architecture n'est pas symétrique comme dans les trois autres tableaux; elle est aussi plus élégante, moins fantastique, plus correcte. La couleur est autre que celle des Noces de Cana, elle sent plus l'huile, moins le décor en détrempe, mais n'en n'a pas aussi le brillant et l'effet imposant. L'attitude du Christ est noble, il dit les mêmes paroles que dans le précédent tableau, mais il les dit avec un autre accent, moins d'indignation, plus de calme et de dignité; la figure de Marthe est toujours une ménagère occupée; elle est ici plus théâtrale, moins naturelle: celui-ci a plus d'appareil, l'autre plus de vérité. Le maître assis, en tournant le dos au spectateur, est contre-preuve de la même figure vue du côté opposé; la Madelaine est aussi un renouvelé de la première. Les apôtres et disciples comme aux Noces de Cana, sont vêtus de costume imaginaire, avec des camails boutonnés, mais tous ces torts, qui sont ceux de l'historien, ne sont pas au compte du peintre; toutes les têtes sont d'un caractère ferme, national, des Hébreux et point un autre peuple; des tètes juives telles qu'on en voit dans les pays où ils ne sont pas condamnés à l'exception et à la misère; ce tableau, ainsi que celui des Noces de Cana, a cela de remarquable, l'adresse avec laquelle le peintre a sauvé l'uniformité de convives rangés autour d'une table par l'action individuelle de tous les personnages occupés entr'eux, par deux, par trois, de sorte que nulle part on ne sent la monotonie d'un ordre symétrique, tous s'occupent de l'action principale, et tous s'en occupent diversement. On a dit une fois que les ciels de ces tableaux, tels qu'ils sont, n'offriraient qu'un trop juste sujet de critique, si l'on pouvait croire qu'ils fussent sortis tels du chevalet, le tems en a dénaturé les couleurs.

On sait que ce tableau fut donné à Louis XIV par la république de Venise, en 1665.

ECOLE ITALIENNE

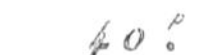

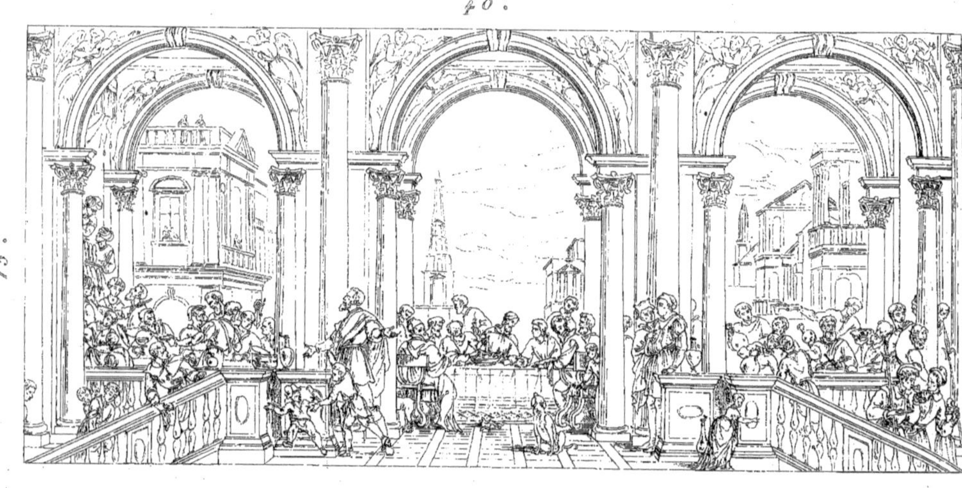

Le Repas chez Lévi le publicain

PAUL VERONÈSE

LE REPAS CHEZ LÉVI.

Ces quatre tableaux, que l'on appelle en langue d'atelier, les quatre festins, ne sont ni du même style, ni de la même manière d'exécution. Celui-ci commence à s'éloigner des Noces de Cana par la couleur; elle rentre plus dans la manière usitée, plus finie, moins hardie. Paul Véronèse fit le premier, en trempant son pinceau dans les pots à couleur; ici, il a déja pris une palette; l'ordonnance du tableau est plus pittoresque, moins nature. Il y a déja des choses faites exprès et mises là pour y prendre et y tenir place. C'est un très-beau tableau; mais c'est un tableau, et le premier est quelque chose de plus qu'un ouvrage de l'art. En se rapprochant de l'art, Paul Véronèse a un peu plus obéi aux règles; celles du costume historique sont un peu moins bravées dans les principaux personnages; des Hébreux ont pu porter le costume oriental que le peintre leur a donné. Le premier objet, qui ap pelle l'œil, est un homme vert dont le cos tume n'est pas bien oriental, mais don le dessin, la pose, la couleur, sont chef d'œuvres. Cette couleur verte est celle qu'i fallait là pour faire valoir tout le reste du tableau sans l'éteindre. Cet homme paraî faire les fonctions d'architriclin, et donne des ordres pour le service. Il entre ains dans l'action : vis-à-vis et à l'autre côté du tableau, une grande et grosse figure, est un maître-d'hôtel armé de son couteau de table. L'artiste s'est plû à lui donner les traits de l'empereur romain Vitellius. Cette figure est remarquable par sa pose tranquille et par son à-plomb ; sa gravité est en contraste avec le rire naïf d'un nègre. Cette expression de rire est d'un naturel, qui rend impossible de le fixer sans y prendre part. Près d'eux est une figure naine, dont il n'est pas aisé de deviner l'intention, d'autant que c'est plutôt, par ses proportions, une figure ordinaire demi-nature.

Sous l'arcade du milieu est l'action principale. La figure du Christ occupe le milieu de la scène ; il est entre St. Pierre et

St. Jean, qui conversent avec lui. La tête est presque de profil ; elle a de la dignité et de la grandeur, avec la simplicité convenable. Le manteau, relevé en revers sur les deux épaules, tient un peu du costume monacal, que l'artiste avait sous les yeux en peignant ces tableaux. La figure du publicain Lévi, drapée en rouge, est très-historique. Il a bien la somptuosité du publicain et l'importance étoffée d'un traitant. Ces traits de sentiment appartiennent encore plus à l'esprit qu'au talent. C'est dans les arts ce qu'est le *mot-propre* en littérature. La scène de service, qui se passe à la droite du tableau, est un peu confuse. C'est un détail de buffet qui pouvait être plus net et plus motivé. La scène, à la gauche, paraît une seconde table de personnages qui ne sont pas admis à la grande ; ce pourrait bien même n'être qu'une table d'écuyer tranchant. On dit que celui que l'on voit, tenant un couteau et une fourchette, est le portrait du moine, qui fit faire le tableau.

Ridolfi qui décrit, avec un grand détail, les tableaux de Paul Véronèse, appelle ce moine *fra Andrea de Buoni*, ce qui est assez indifférent à la postérité.

L'architecture est plus correcte que celle des Noces de Cana ; c'est un portique d'ordre corinthien très-régulier et très-riche, mais qui convient plus à un édifice public qu'à la maison d'un particulier. Les fabriques du fond sont un peu fantastiques et la couleur en est trop verdâtre. Les ciels ont changé par l'effet de l'oxyde des couleurs minérales.

Ce tableau vient de l'église de St.-Pierre et St.-Paul à Venise. Il a été gravé par Saendram.

ECOLE ITALIENNE

14 p.

9 p. 4 o.

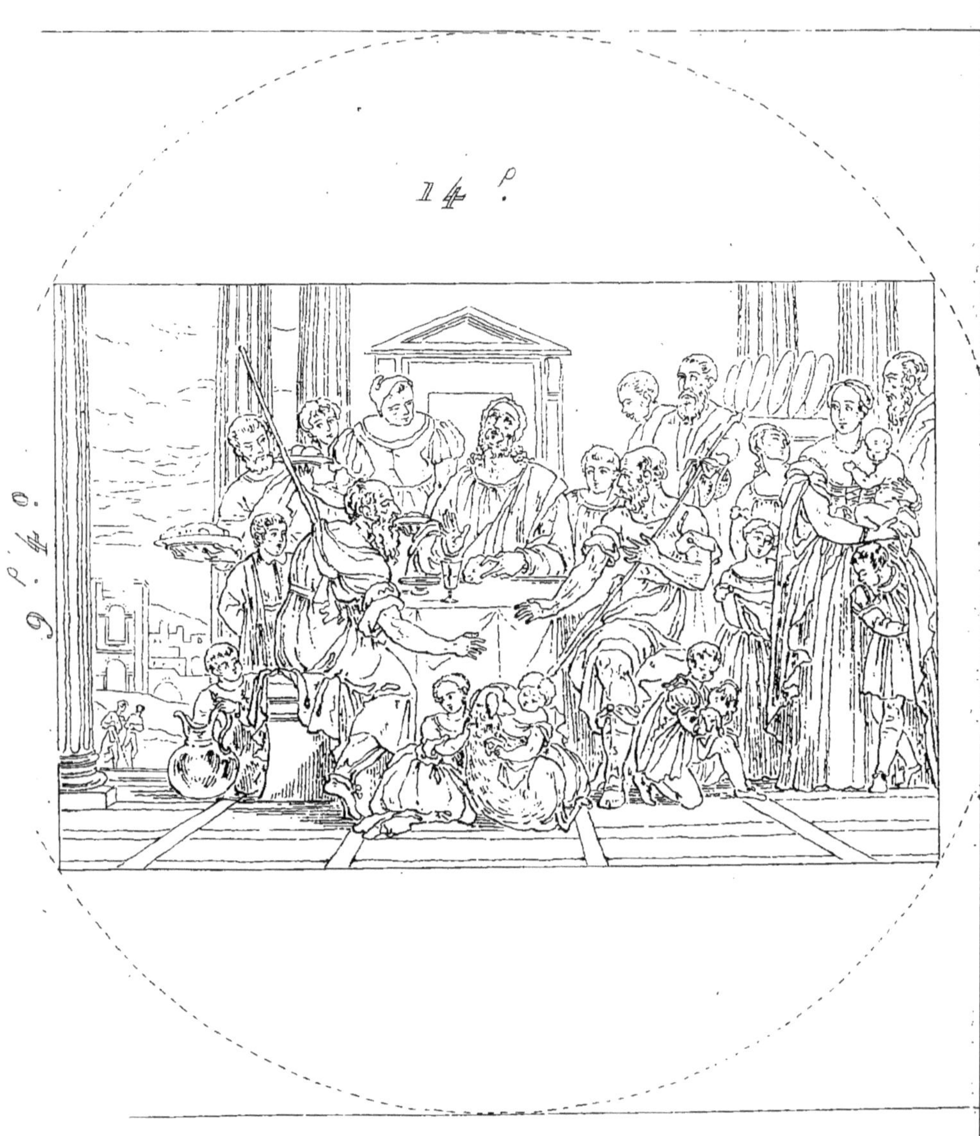

Les Pèlerins d'Emmaüs

PAUL VÉRONÈSE

LES PÉLERINS D'ÉMAUS.

Si dans beaucoup de tableaux de Paul Véronèse, on excuse la quantité de figures inutiles, dont il en a augmenté les compositions; dans celui-ci, on ne le peut pas. En effet, la solitude est la plus grande beauté du sujet des Pélerins d'Émaüs. Le Muséum possède un tableau de Rembrant qui représente ce sujet. Il pourrait servir de modèle; il y règne cette solitude qui en fait le charme. Le Christ est inspiré et semble prendre une physionomie céleste et visible aux yeux de ses disciples qui le reconnaissent. L'étonnement, le respect, sont leur expression; ils ont une simplicité d'action qui touche l'ame, mais dans cette simplicité, il y a un grand caractère; ils en sont profondément frappés. La couleur en est vigoureuse et l'effet mystérieux. Là, Rembrant est aussi poète que le Poussin. Le tableau de Paul Véronèse est tout le contraire. Un roi, à son grand couvert, n'a pas plus de monde autour de lui, aussi n'y a-t-il plus de sujet ; ce sont des figures les unes auprès des autres, composées avec goût, dessinées et ajustées élégamment. Cependant débarrassé de tout le monde, on ne peut nier que le Christ et ses deux disciples ne soient grandement pensés, et que la scène ne s'y retrouve ; mais au premier aspect, tout cela est perdu dans la foule.

Il est passé en tradition que c'est Paul Véronèse, sa femme et toute sa famille qu'il a représentée dans ce tableau ; on ne sait par quel motif.

On ne peut pas composer une famille dont on devrait faire les portraits avec des actions, des poses plus gracieuses : la mère était une belle femme, sa pose, son ajustement, font valoir sa taille et ses charmes ; elle tient son dernier enfant, tandis que les autres sont occupés selon les différens goûts de leur âge. Les deux petites filles qui jouent avec la chienne, sont charmantes ; cette bête, qui les a sûrement vu naître, se laisse caresser et tourmenter par complaisance ; elle sait que ce sont les enfans de la maison, et son maître l'aimait sans doute beaucoup, car il l'a mise dans presque tous ses tableaux.

Cette chienne, tout en se prêtant aux jeux des enfans, semble inquiette de son petit, qui est dans les mains d'un des frères.

Le portrait de Paul Véronèse est derrière sa femme contre la bordure.

Ce tableau, dont le sujet pourrait être aussi bien la famille de Paul Véronèse que les Pélerins d'Émaüs, comme on vient de voir, malgré ce défaut, est digne de ce grand maître par le dessin, l'exécution et la couleur.

ECOLE ITALIENNE

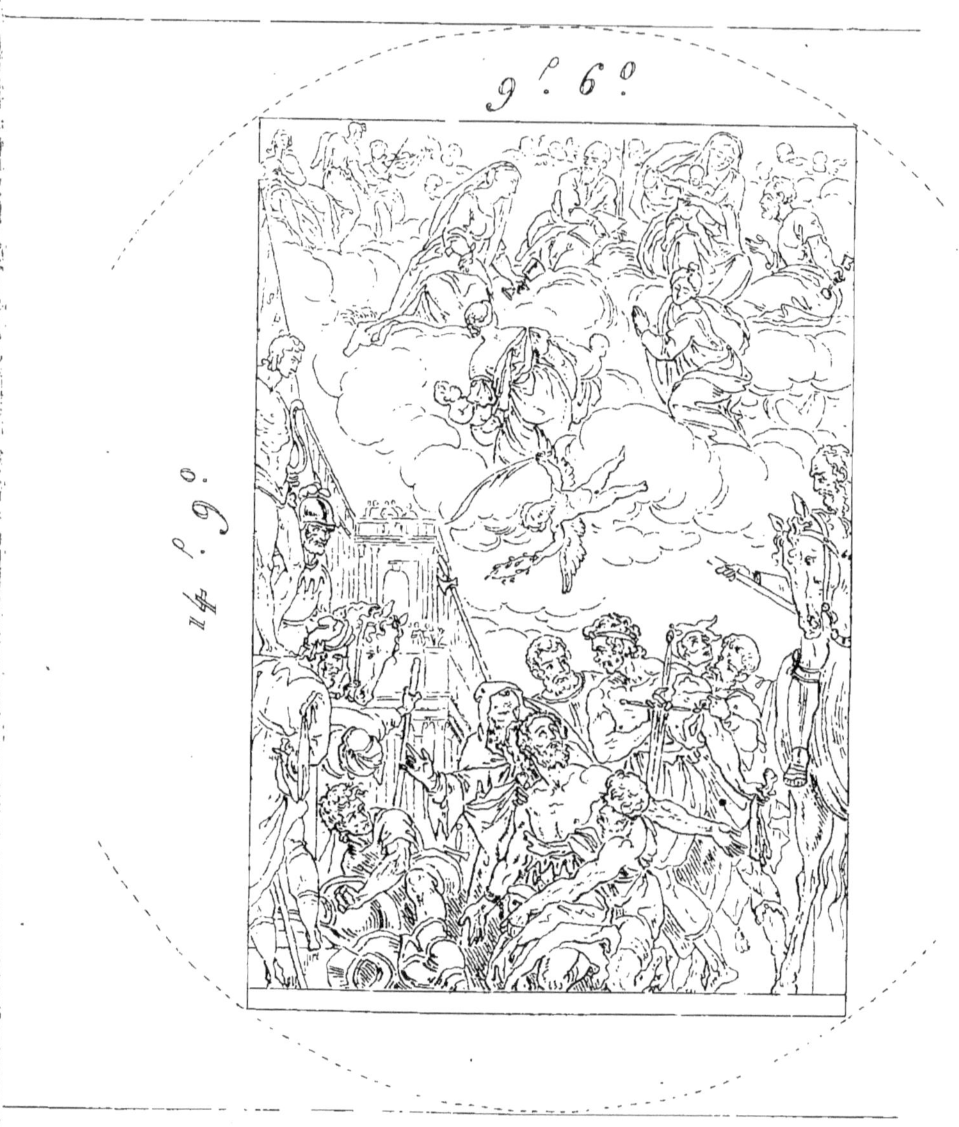

Le Martyre de St. Georges

PAUL VERONESE

MARTYRE DE St. GEORGES.

Le caractère, donné à ce saint, devait convenir au genre de talent de Paul Véronèse.

Il y a du génie céleste dans le haut de ce tableau ; le ciel et la terre prennent part à l'action ; tout est pensé et senti de manière à ne rien laisser à desirer. L'expression du saint est noble, grande ; il ne pense point à ce qui se passe autour de lui ; il voit seul la scène d'en haut, et son ame y est toute entière. Il n'entend point le prêtre qui l'exhorte, l'exécuteur qui s'ennuie ; il ne sent pas même le mouvement de l'homme qui le prend à brasse-corps, et s'efforce de le faire plier pour recevoir le coup qui doit lui trancher la tête. Comme sentiment, le St. Georges est un chef-d'œuvre ; comme dessin, la tête et le cou, le mouvement des clavicules, en général, toute la partie du torse nu est d'une grande beauté, et d'une exécution admirable. La figure est parfaitement développée; les personnages pressés autour d'elle ne nuisent point, ils ajoutent à l'intérêt par celui même qu'ils y prennent.

En examinant de près ce tableau, on retrouve la touche habituelle de Paul Véronèse brusque, franche, mais si juste ici, qu'à la distance requise, chaque ton porte son effet, et la couleur tranchante de près se trouve de loin fondue et brillante. C'est le sujet d'une belle étude de suivre ici les procédés employés par l'artiste; toute la scène, qui se passe sur terre, se détache en demi-teinte sur un fond d'azur clair; et tous les personnages conservent leurs tons lumineux, par la vigueur des teintes locales, qui ne se laissent pas éteindre par la lumière brillante du ciel; toute cette scène terrestre fait l'effet du repoussoir, comparée à la scène supérieure. Ce repoussoir n'est pas formé par des ombres, mais par les couleurs chaudes et lumineuses des chairs.

Le fait historique est parfaitement rendu: ce n'est pas le martyre d'un néophyte, c'est celui d'un guerrier. Son attitude n'est pas celle d'une résignation pieuse; c'est la résolution d'un soldat que la foi anime, mais qui n'aurait pas besoin d'être soutenu par elle aux approches de la mort qu'il a souvent vue de près. Les deux guerriers à cheval, qui assistent à l'exécution, prennent un intérêt sensible, mais tranquille et militaire au sort de leur compagnon. Le bourreau, qui tient l'épée, est d'un choix parfait; le profil a les traits de son état, mais sans caricature. C'est un modèle d'homme fort et musculeux. Le prêtre païen a une tête de vieillard fanatique et suborneur. La statue d'Apollon est une belle académie d'après l'antique.

Toute la scène, qui se passe dans le ciel, est un petit poëme dont on peut tâcher de deviner le sujet : St. Pierre et St. Paul semblent intercéder auprès de la Vierge qui tient l'Enfant Jésus, et réclamer son intervention ; la foi, l'espérance et la charité se joignent à eux. Chacune de ces figures allégoriques est bien caractérisée ; la foi tient un calice, et son geste dit : Je crois. L'espérance, les mains jointes, baisse ses regards sur le saint, semble l'attendre et l'appeler. La charité, tenant deux enfans, tourne le dos à la scène. Le peintre a pu vouloir exprimer que cette vertu avait été la moins cultivée par l'homme de guerre. Dans le coin, à gauche, est un concert d'anges, idée un peu empruntée des martyrs de Raphaël.

Ce tableau, sans être aussi étonnant que les Noces de Cana, est plus historique par l'ordonnance, aussi vrai par la couleur, et plus correct par le dessin.

ECOLE ITALIENNE

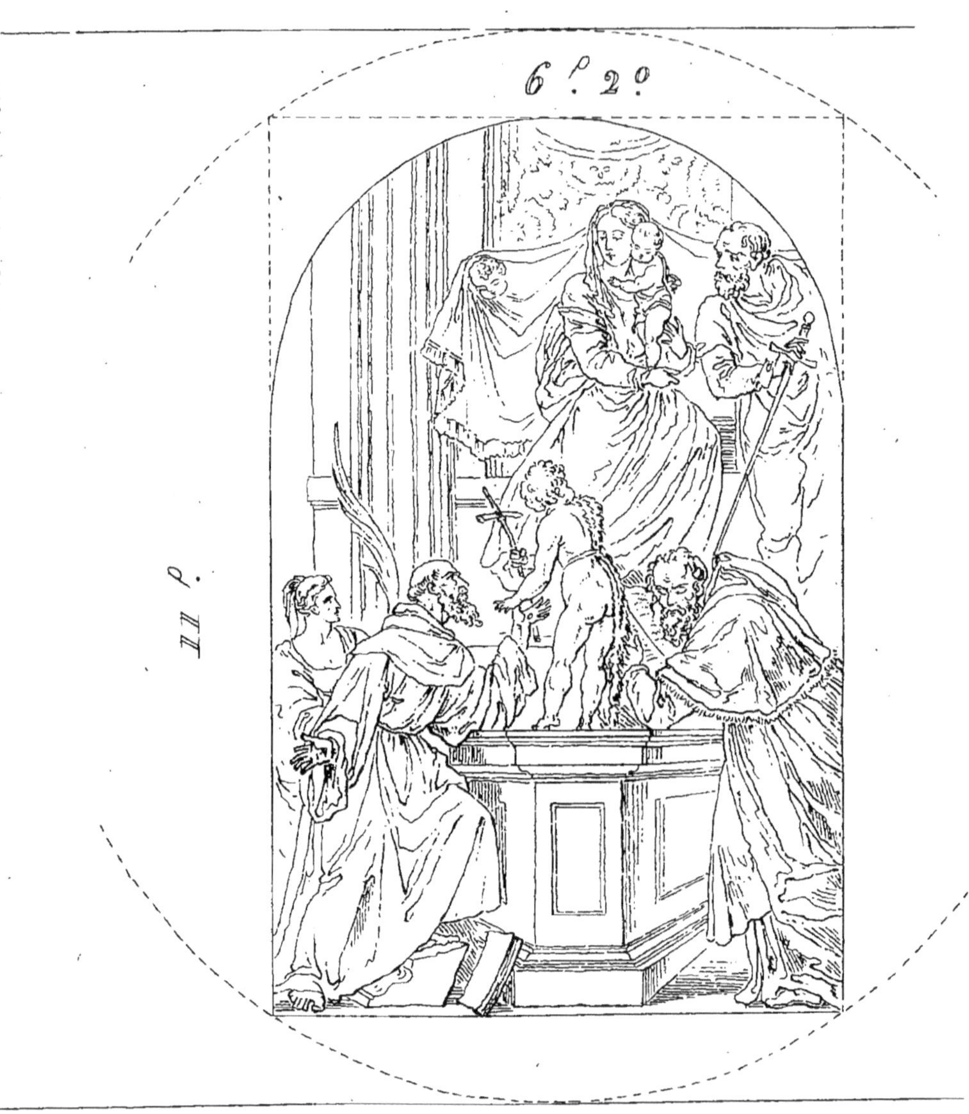

La Vierge, Saint Jérôme et autres Saints

PAUL VÉRONÈSE

LA VIERGE, St. JÉROME ET AUTRES SAINTS.

On ne peut nier qu'il n'y ait un mérite d'imagination à réunir et mettre en action les personnages donnés pour sujet à l'artiste, surtout lorsque ces personnages ont vécu à tant de distance les uns des autres, et qu'ils ne se trouvent réunis dans le tableau que par la fantaisie de l'amateur qui le commande. Ici, l'action signifie que le petit St. Jean présente à l'Enfant Jésus St. François et Ste Justine, tandis que St. Jérôme semble méditer sur ses écrits, et que St. Paul regarde avec intérêt dans tout ce qui se passe en bas.

Ce tableau est reconnu pour un des plus beaux de Paul Véronèse et des mieux conservés ; il est aussi plus terminé que la plupart des tableaux d'histoire de ce maître. La Vierge est plus noble, plus majestueuse, et à-la-fois plus gracieuse et plus élégante que ne le sont ordinairement les vierges vénitiennes ; c'est aussi par une licence un peu poétique qu'elle se trouve placée dans une niche tapissée de brocart d'or.

L'Enfant Jésus prend un intérêt aimable à toute la scène ; mais la figure en paraît un peu petite de proportion. La tête de St. Paul est d'un caractère bien déterminé. Les trois têtes de vieillards, dans ce tableau, prouvent la justesse du sentiment de l'artiste ; celle de St. Paul est d'un apôtre laborieux et jadis guerrier ; celle de St. Jérôme est doctorale et épiscopale, et celle de St. François, capucinale et mystique ; celle de Ste. Justine est belle par le profil, et élégante par la coiffure.

Les draperies des personnages ont aussi leurs convenances ; l'écarlate vigoureuse et brillante du St. Jérôme donne le ton au tableau ; la robe du St. François est grandement et naturellement drapée ; la peau d'agneau du petit St. Jean est ajustée avec beaucoup de goût.

Les grandes lignes perpendiculaires,

que trace l'architecture du fond, sont un contraste heureux avec le mouvement des figures.

Ce tableau est tiré de l'église de Saint-Zacharie à Venise, et a été gravé par Antoine Lucianni.

ÉCOLE ITALIENNE

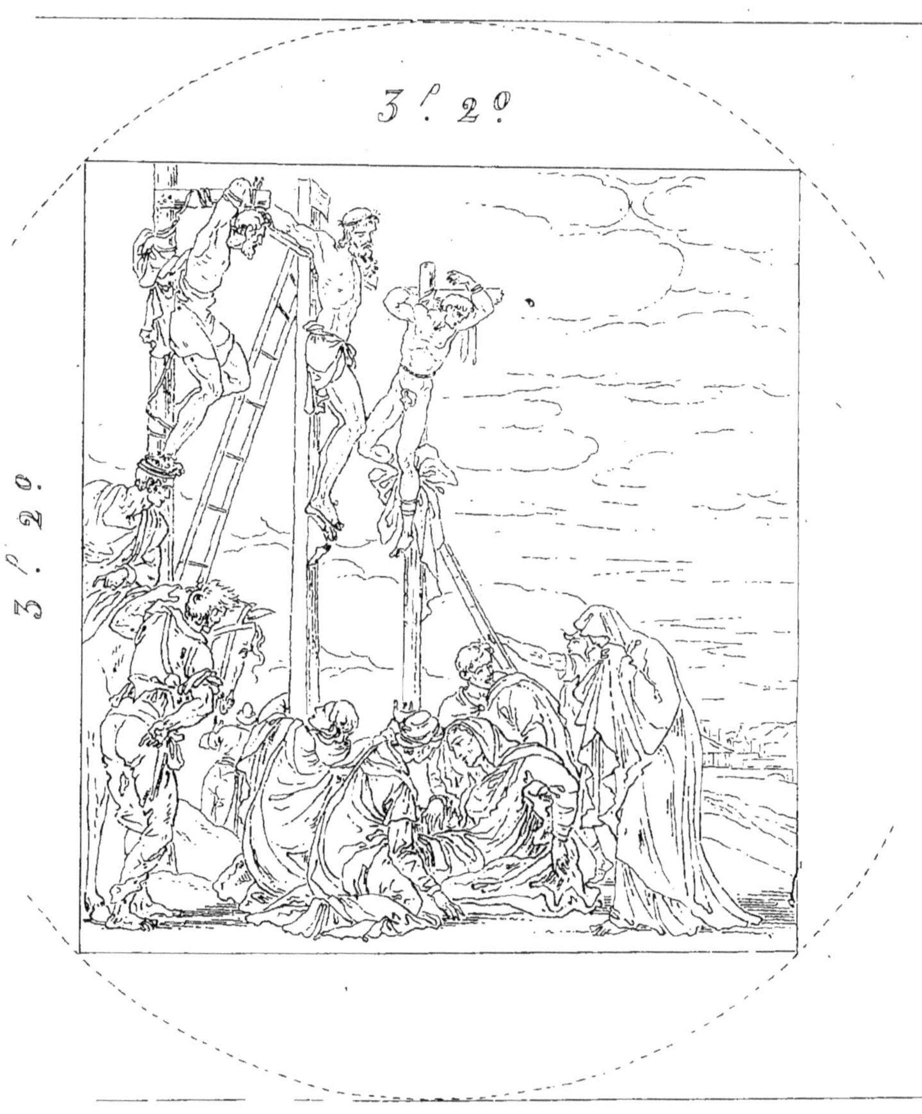

Le Crucifiement de Notre-Seigneur

PAUL VÉRONÈSE

LE CRUCIFIEMENT DE NOTRE SEIGNEUR.

DE tous les tableaux de Paul Véronèse, tableaux de chevalet, celui-ci, sans contredit, est le plus beau.

Belle composition; le groupe de la Vierge, St. Jean et des saintes femmes, est plein d'ame. Ces soldats, à gauche, contrastent par leur insouciance. Le Christ et les larrons sont très-bien. Le Christ est noblement crucifié; les larrons sont attachés à des espèces de potence avec des cordes. Le Christ est noblement ajusté; les larrons sont débraillés. Ces trois figures sont d'un beau dessin et d'une exécution pleine de sentiment : le choix de dessin des larrons contraste avec celui du Christ, qui est noble. Le dernier larron est un chef-d'œuvre sous ce rapport; c'est un homme de la lie du peuple.

Ce tableau est d'une belle couleur; il y a de la lumière, de beaux tons de draperies. Si on n'était pas accoutumé au ciel de Paul Véronèse, celui ci ferait du tort au tableau, car il est vert et plat.

Toutes les figures ont été étudiées et soignées; les extrémités sont plus vraies. Les têtes ont beaucoup d'expression.

ECOLE ITALIENNE

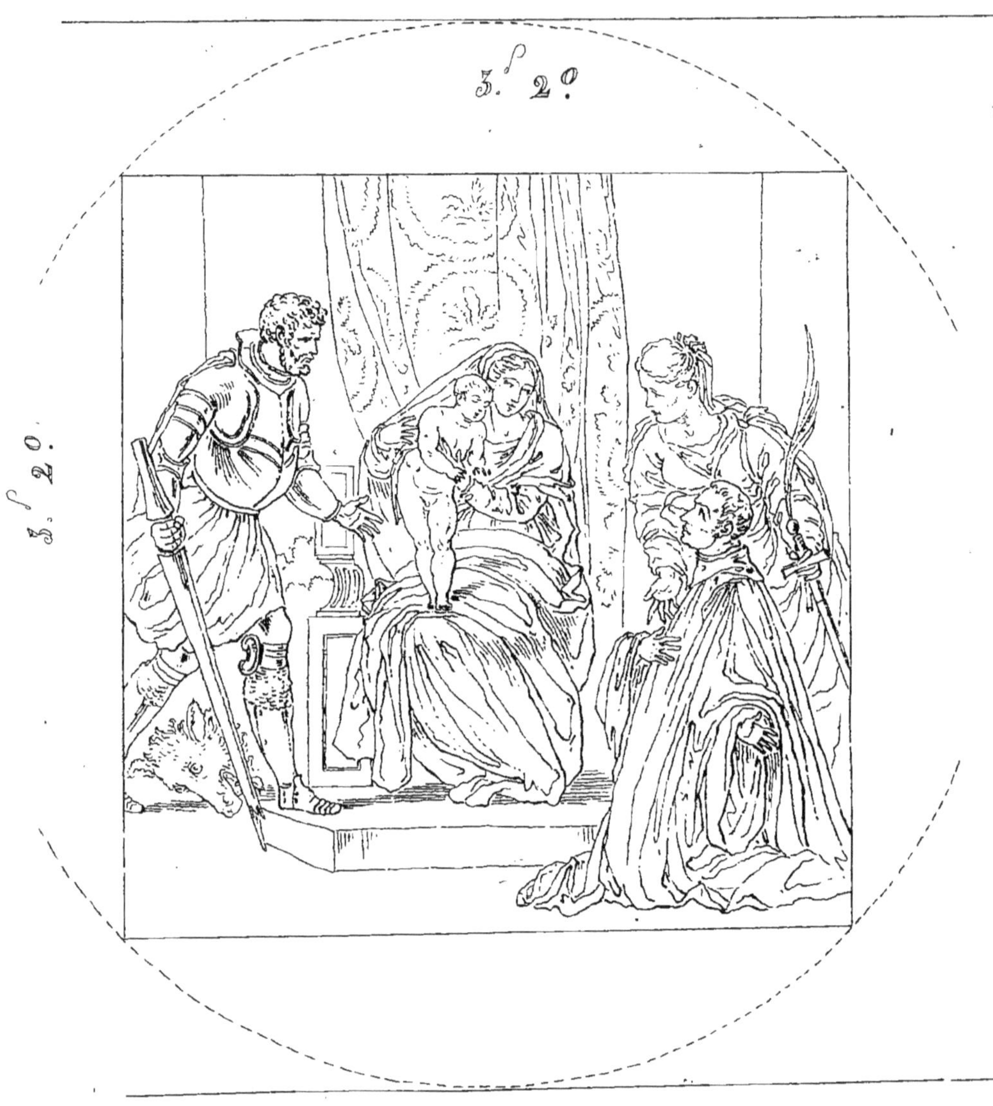

La Vierge avec l'enfant Jésus

PAUL VÉRONÈSE

LA VIERGE
ET
L'ENFANT JÉSUS.

VOICI encore un de ces tableaux dont le mérite d'exécution ne peut pas entièrement excuser la composition bisarre; *le faire* peut honorer le dessinateur et le coloriste, mais non pas le poète, ni l'historien. Ste. Catherine qui présente à la Vierge St. Benoît, en présence de St. Georges, tout cela n'est assurément ni critique ni historique; maintenant qu'il ne reste plus que le mérite matériel de la main d'œuvre, on peut commencer d'admirer; la figure de la Vierge, quoiqu'un peu habillée en vénitienne, a cependant, dans son costume et dans son attitude, de la grâce et de la beauté, quoique la draperie qui est sur les genoux de la Vierge soit mal jetée, ne dessine pas le nu, et que les plis en soient peu vrais; l'enfant est dessiné avec pureté et d'une exécution soignée ; la tête est trop petite pour la proportion naturelle à son âge ; son action perd de sa naïveté, parce qu'elle est précoce pour l'âge que sa taille indique ; le St. Georges est un cavalier vénitien du temps des Croisades ; sa tête est trop grosse, et cela en fait un petit homme qui manque de noblesse ; l'armure, qui paraît bien exécutée a changé de couleur, et est devenue verte de ton, sans doute par l'effet du temps ; le ciel aussi a poussé au vert, ce défaut est commun dans les tableaux de Paul Véronèse, sans doute parce qu'il y employait du blanc ; le temps les a jauni et les a fondus dans cet état avec le bleu des ciels. Ste. Catherine est ajustée, dessinée avec goût, sa pose est gracieuse, mais toujours en dame italienne ; il lui manque aussi cette candeur, cette virginité qui sied bien au sujet religieux, et dont Raphaël a laissé le modèle inimité. Le St. Benoît est bien monacalement vêtu et drapé ; le profil, qui paraît être un portrait, semble indiquer que ce n'est point St. Benoît, mais un bénédictin donataire qui s'est placé dans son *ex-voto*.

Ce tableau, peint sur une toile très-grosse, se voit à peine dans la place où il est; derrière la Vierge est une portière en brocart, et cet accessoire embarrasse encore plus l'érudit qui voudrait fixer la date que le peintre a voulu donner à sa composition.

ECOLE ITALIENNE

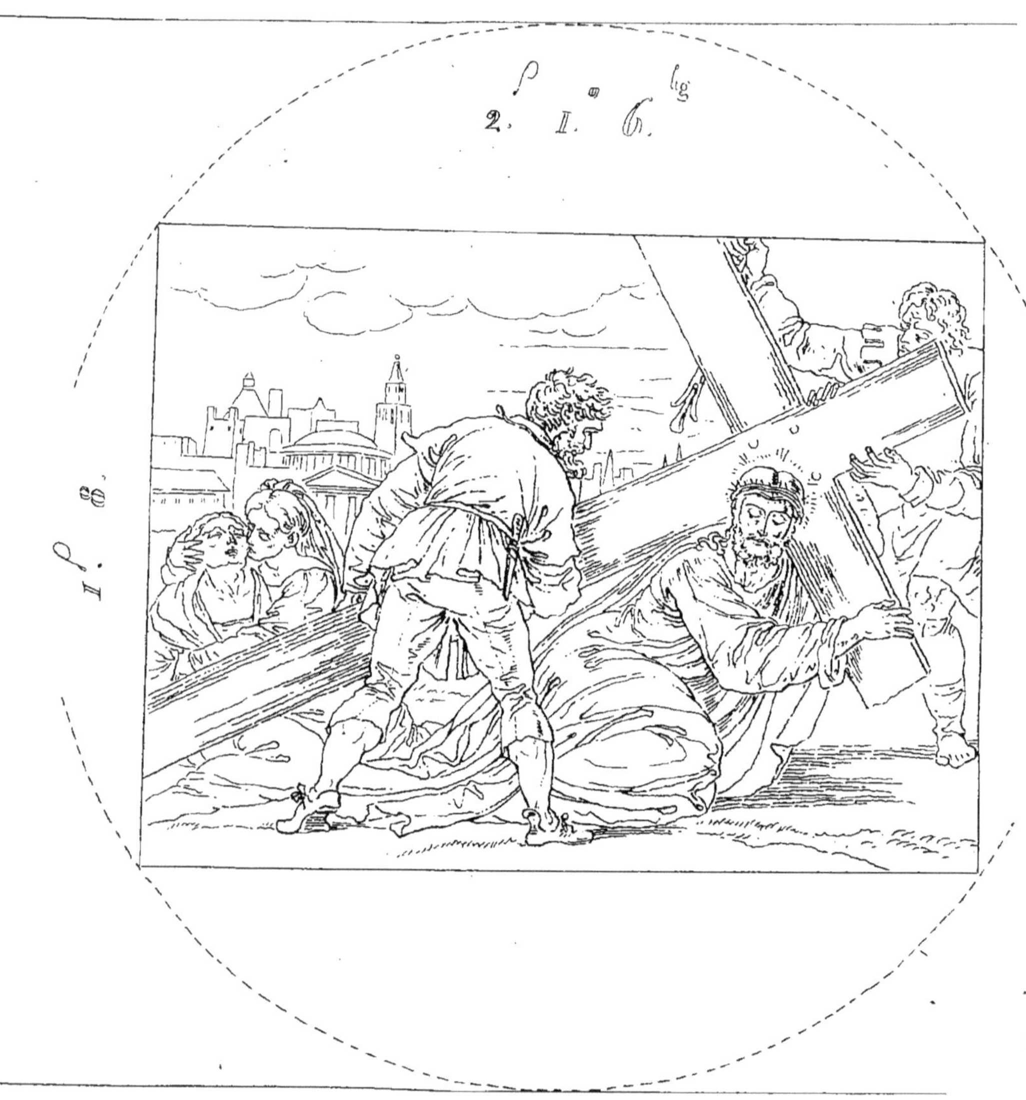

Jésus-Christ portant sa Croix
PAUL VÉRONÈSE

JÉSUS-CHRIST PORTANT SA CROIX.

Une belle couleur bien brillante et bien lumineuse, met ce tableau au rang des plus beaux de Paul Véronèse, et quoiqu'on ne puisse remarquer que les deux figures qui sont sur le devant, le Christ et celui qui l'aide à porter sa croix, ce sera toujours un morceau capital ; les trois autres figures sur les plans éloignés, sont si faiblement arrêtés, qu'on peut croire qu'elles n'ont été qu'esquissées ; on distingue même dans le fond le trait à la terre de casselle ; il semble qu'il suffit à Paul Véronèse d'avoir exprimé sa pensée, ou pour mieux dire de l'avoir indiquée ; dès qu'il a trouvé le mot propre, il s'arrête, peu lui importe si la période est arrondie ; cette manière est grande, il est à regretter qu'elle n'ait pas toujours été employée avec le style le plus noble; l'homme qui aide à porter la croix est d'une nature aussi trop commune et triviale, son costume n'a rien d'antique ni d'oriental, une jaquette à manches, des culottes et des souliers,

d 6

c'est un gondolier vénitien, sa stature est celle d'un homme court et trapu ; peut-être l'artiste a-t il voulu opposer un contraste à la figure noble du Christ; Raphaël était au-dessus de ces ressources, Paul Véronèse entend mieux (et cela se remarque dans tous ses tableaux) les contrastes qui résultent des oppositions bien calculées entre les couleurs locales; la veste feuille morte et le pentalon gris, est en harmonie pour faire valoir et ressortir la couleur lacqueuse de la robe du Christ; dans tous les tableaux de Paul Véronèse, les couleurs locales des draperies ou des marbres rappellent, par leur accord, le clavessin dont les touches répondirent aux sept couleurs primitives au lieu des sept notes, et l'art consistait dans la succession plus ou moins heureuse de ces tons de couleurs.

En étudiant les grands tableaux de Paul Véronèse, on s'aperçoit que leur effet résulte principalement de ce mélange adroit des couleurs locales, tellement qu'en le changeant de place, le tableau perdrait.

Les deux têtes de la Vierge et de la Madelaine ne sont que des esquisses, mais qui ne laissent rien à desirer pour l'expression.

ECOLE ITALIENNE

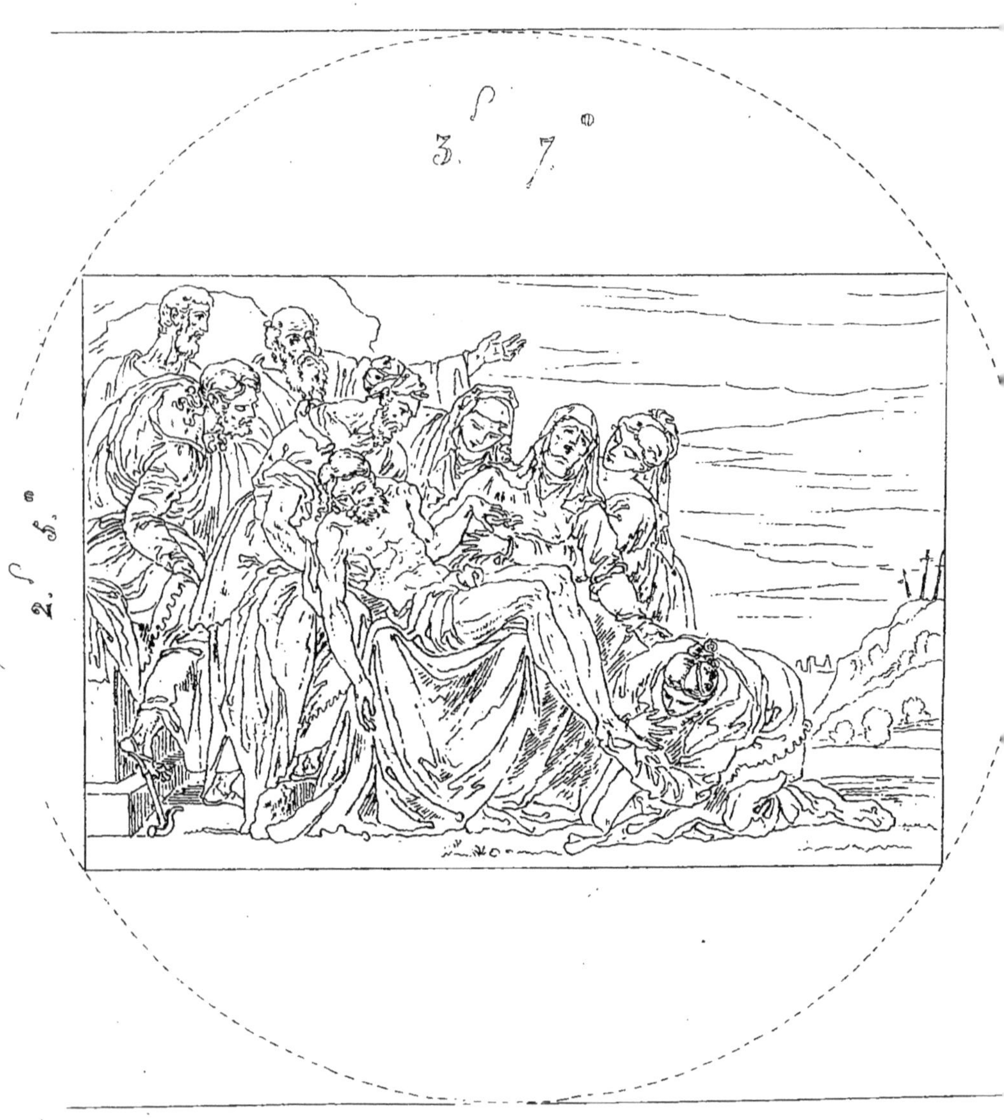

Le Christ porté au tombeau

PAUL VÉRONÈSE

JESUS-CHRIST
PORTÉ AU TOMBEAU.

Ce tableau-ci a complétement le défaut reproché à Paul Véronèse, de ne point assez saisir, ce qui le ferait presque prendre pour une esquisse; ce n'est pas que toutes les figures n'aient bien l'expression de leur action et même de grandes beautés de sentiment, mais les détails peu soignés choquent d'abord, puis dans l'ensemble général, le groupe des figures se trouve dans un cadre trop petit, ce qui leur donne un air gigantesque; la Vierge sur-tout, si elle était debout, ne tiendrait pas dans la toile; la figure agenouillée qui regarde les plaies des pieds, relevée, serait hors de proportion avec le Christ; il faut dire pourtant qu'elle est bien sentie, le raccourci se devine bien, la pose a de la grâce et dégrade la lumière et la composition parfaitement; la Vierge a une belle douleur maternelle et divine; l'âge y est exprimé; ce sont encore de beaux traits quoiqu'ils ne soient plus jeunes ; on peut soupçonner que ce tableau a été retouché ou du moins bien endommagé en le restaurant ; la draperie bleue, qui couvre les genoux de la Vierge, est mal engeancée, les plis sont faux ; on en peut dire autant de la tunique de St. Jean, qui est rouge, et dont sûrement on a emporté les glacis et les ombres ; toutes les têtes sont belles, sur-tout celle du Christ, dont l'exécution est admirable comme sentiment, le bras seul est un peu maigre et la main négligée ; on peut reprocher aussi trop de petits détails dans le corps, qui nuisent à l'effet de cette belle lumière, qui laisse voir et fait briller le Christ, comme l'objet principal ; le choix des tons dans ce tableau, est d'une grande richesse, d'un beau choix pour l'effet de l'harmonie ; la lumière savamment conduite d'un objet à un autre, et la composition bien liée, toutes les figures ajustées avec goût, les saintes dans des attitudes gracieuses, toutes trois bien coîffées, bien drapées ; la Vierge et le Christ restent lumineux, sans être détruits par ce qui les entoure, et malgré la manière négligée, que souvent se permettait Paul Véronèse, on reconnaît le peintre savant qui jouait quelquefois avec sa facilité de faire, mais dont la même pensée guidait toujours les pinceaux. Dans ce tableau, où il y a beaucoup de fautes d'incorrections, sur-tout dans les extrémités, le gracieux les fait disparaître, et ces mêmes défauts sont rachetés par la facilité et le sentiment de l'exécution. Il faut aussi dire que le ciel n'est pas bien, les nuages dessinés par bandes et le fond un peu vert peut-être par le temps, puis aussi la petite faute historique si habituelle aux peintres vénitiens, un costume purement de fantaisie qui habille celui qui soutient le Christ.

ECOLE ITALIENNE

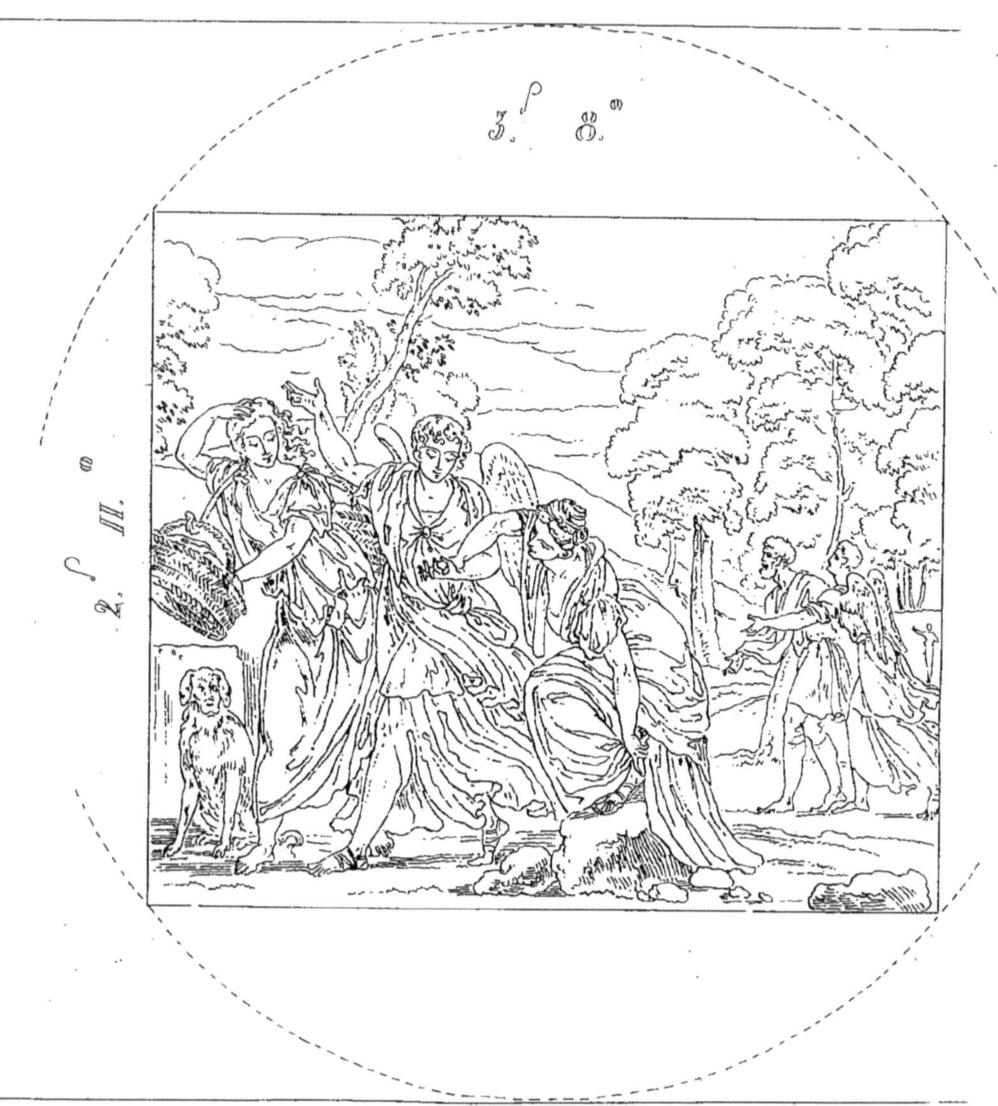

Loth et ses filles

PAUL VÉRONÈSE

LOTH ET SES FILLES.

Cette esquisse rappelle un peu les cantiques sacrés, moitié plaisant, moitié dévot, où l'on se permet de traiter gaîment des anecdotes de la Bible.

Otez les ailes de l'ange, et vous pourrez voir un beau jeune homme menant promener deux demoiselles ; l'une s'appuie familièrement sur son bras pour remettre sa chaussure, l'autre retient, de la main, son voile qu'a dérangé le vent. Dans le lointain, le vieux père se hâtant de les atteindre, conduit par un guide que l'on peut supposer, à son indication, un rival intéressé. Paul Véronèse ne se piquait pas de fidélité historique, et le tort une fois excusé, le mérite du tableau reste seul et entier. On ne peut nier que la cadette, tout en remettant sa chaussure, ne soit une figure pleine de grâces et d'agrémens. Malgré les contours raccourcies que l'attitude exigeait, on devine une taille élégante ; la draperie dérangée par le mouvement du corps se rattache par des plis heureux et vrais.

Paul Véronèse.

e

L'aînée a aussi de la grâce à porter son panier, mais son action dit trop qu'elle invite sa sœur à fuir, elle semble conduire le couple qui est avec elle. Un chien fixé à côté, a une immobilité qui contraste avec le mouvement des figures, il ne se dérange même pas pour les laisser passer.

Il faut dire aussi que l'ange est trop vêtu pour un personnage céleste, cependant les draperies sont ajustées avec goût, et si c'étaient de simples voyageurs, on ne verrait plus que la vérité et la grâce de l'exécution. Les têtes et les extrémités sont touchées avec beaucoup de finesse et de sentiment ; une grande richesse de tons ; en général, une facilité qui annonce le grand maître que la conscience de son talent rend trop indifférent aux convenances historiques; les lieux, les temps, les personnes ne sont rien pour lui qu'un canevas qu'il juge propre à recevoir ce que son imagination lui inspire, toujours assez content de lui s'il a fait conforme au modèle que sa pensée lui donne.

ECOLE ITALIENNE

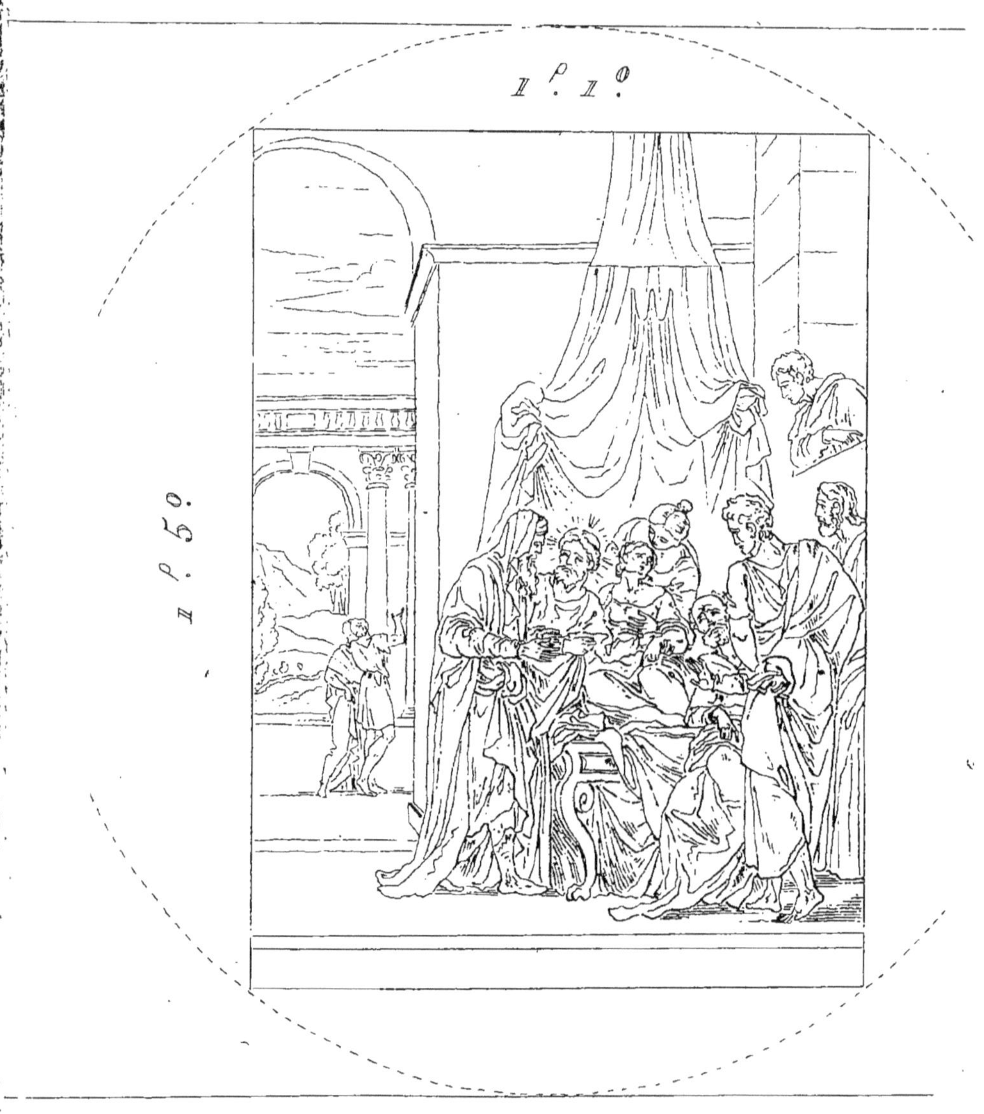

Jésus guérit la belle mère de St. Pierre

PAUL VÉRONÈSE

JÉSUS GUÉRIT LA BELLE-MÈRE DE St. PIERRE.

On ne regrette point parmi tous les ouvrages de Paul Véronèse qu'il n'ait fait de ce tableau qu'une esquisse; la composition en est médiocre et le nom de son auteur a pu le faire religieusement conserver comme étant aussi son ouvrage. La figure principale, le Christ, est à moitié cachée par un personnage, et il est plus avant que ce personnage, par le ton de couleur; St. Pierre, qui est aux pieds du lit, est aussi perdu de moitié par une autre figure insignifiante; la malade et celle qui la soutient, sont ce qu'il y a de mieux dans ce tableau, l'expression et la touche s'y retrouvent, ainsi que le maître qui s'est tout entier contenu dans cette petite place, car dans tout le reste on ne reconnaît plus Paul Véronèse.

Certainement ce tableau était destiné à rester à l'atelier, et le peintre ne se doutait pas qu'un jour, abrité de la réputation de ses autres ouvrages, il se trouverait placé aussi au milieu de tous ces chef-d'œuvres. L'agencement de la composition est si bisarre, qu'on peut croire que ce tableau n'est pas entièrement de lui, mais bien d'un de ses élèves. On voit des draperies rouges répétées par-tout, et qui fatiguent l'œil ; on ne sait pourquoi la chambre de la malade semble être un vestibule où tout est ouvert ; il y a même au-dessus du lit une fenêtre dont on ne peut rendre raison. Une figure est aussi à cette fenêtre ; elle regarde la scène ; sa curiosité, pour ce qui se passe, peut bien être excusée ; mais quant à la fenêtre, il est impossible de la motiver ; un lit de parade à baldaquin, ne peut se trouver placé de cette manière ; c'est une petite esquisse qui n'a de mérite que celui d'être sorti de l'atelier de Paul Véronèse, et qui, à ce titre, doit encore trouver des amateurs.

ECOLE ITALIENNE

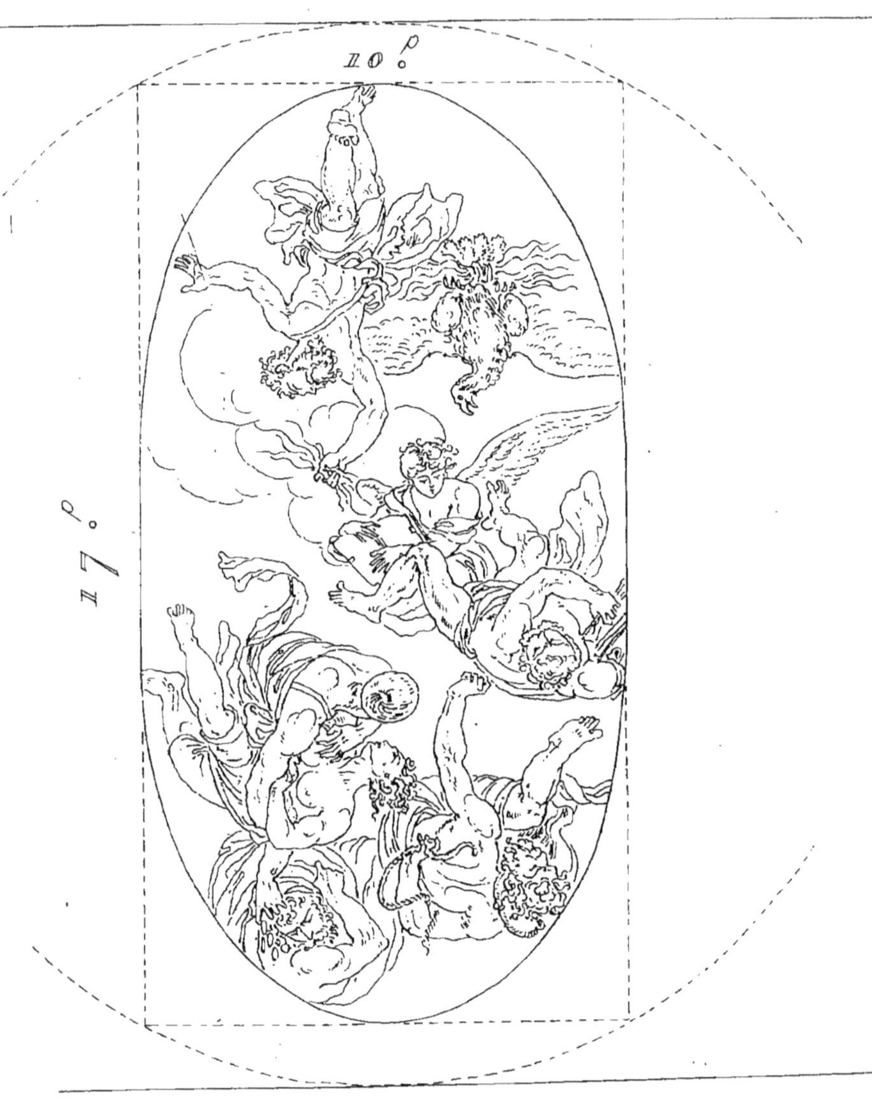

Jupiter foudroye les Crimes

PAUL VERONÈSE

ECOLE ITALIENNE

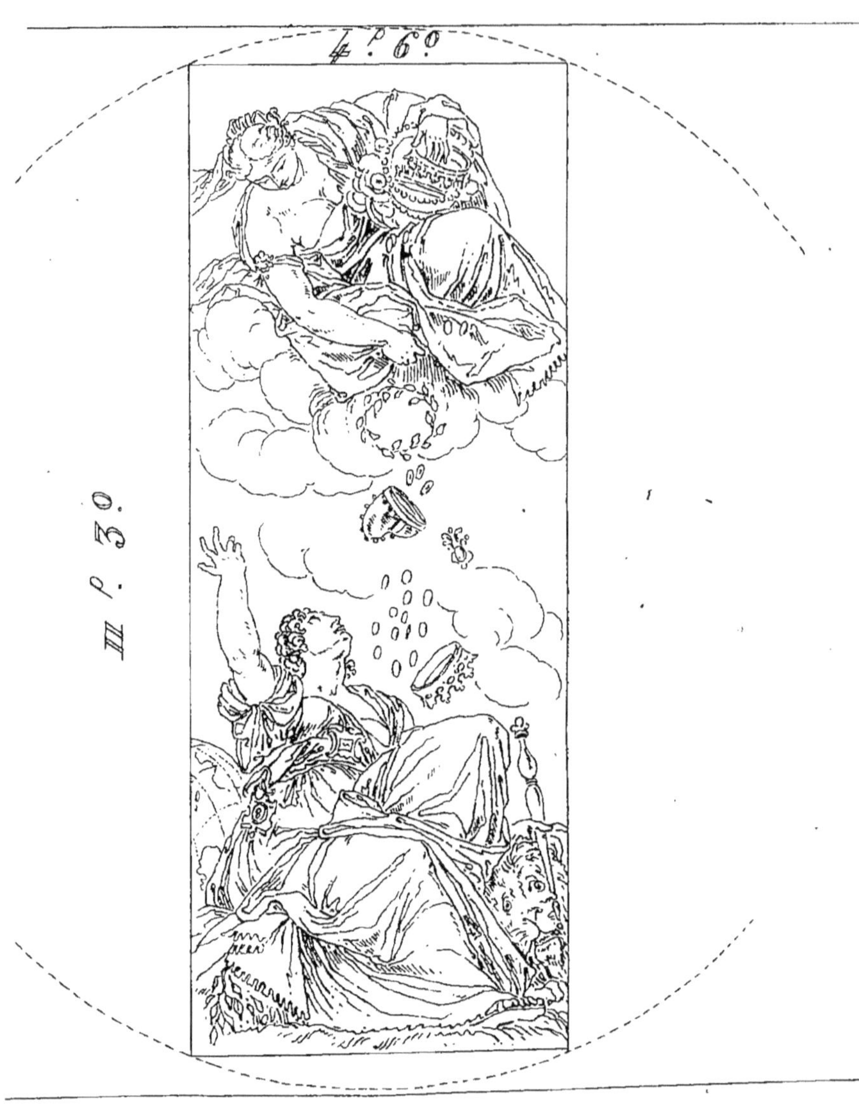

Junon versant des Trésors sur la ville de Venise

PAUL VÉRONÈSE

ECOLE ITALIENNE

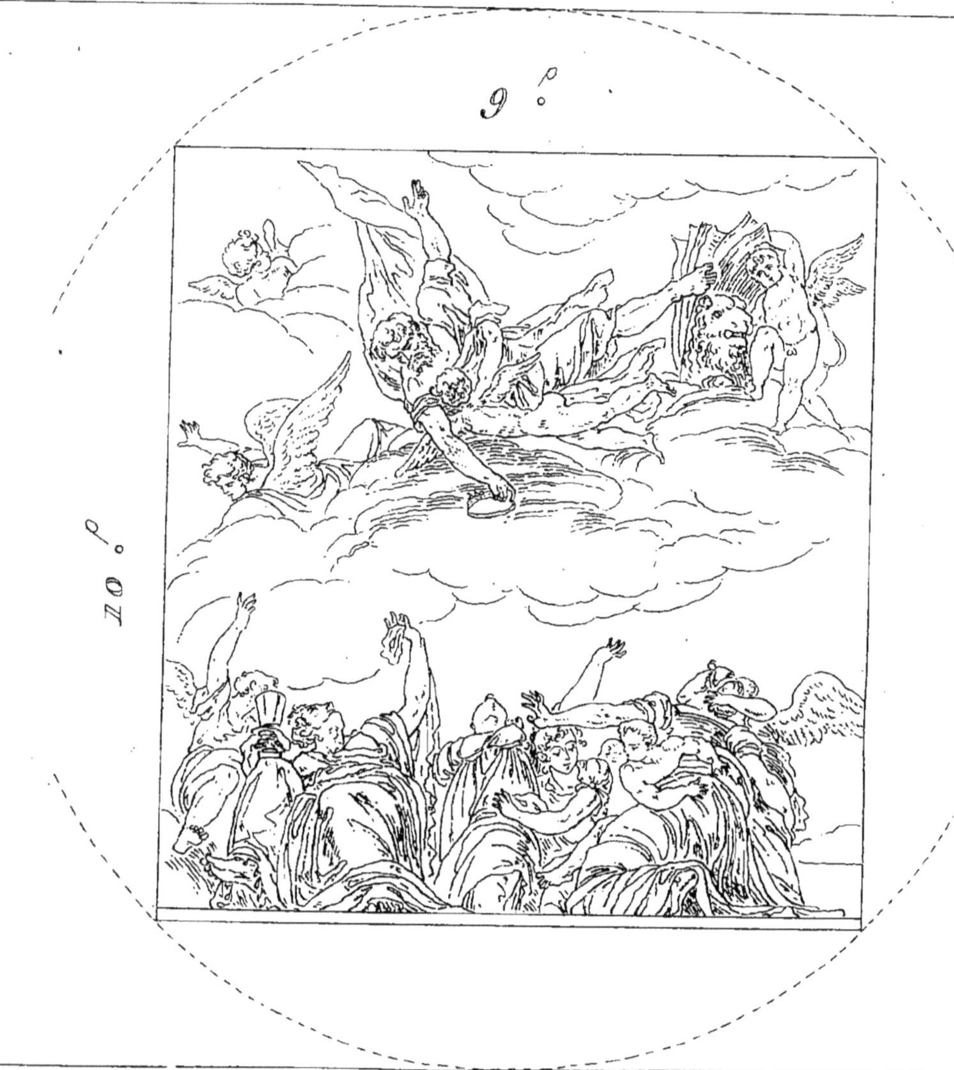

St Marc couronnant les Vertus théologales

PAUL VÉRONÈSE

TROIS PLAFONDS.

JUPITER foudroye les crimes. JUNON versant des trésors sur la ville de Venise. ST. MARC couronnant les vertus théologales.

DANS ces trois tableaux, et particulièrement dans celui où Jupiter est représenté foudroyant les crimes, Paul Véronèse est plus grand, plus majestueux; son pinceau est plus fier et son dessin plus hardi et plus caractérisé. Lorsqu'il fit ces tableaux pour décorer le palais des dix à Venise, il revenait de Rome, où les travaux de Michel-Ange, et sur-tout son jugement dernier, qui est dans la chapelle Sixte, l'avaient frappé d'admiration, et lui avaient fait voir que le trait seulement peut aussi bien émouvoir le spectateur que les autres parties de la peinture, comme la composition et la couleur. Il fit donc ces tableaux l'esprit plein de Michel-Ange, et cherchant à s'élever à la hauteur de ce savant dessinateur. On peut juger, dans celui que nous avons déja cité, combien cet homme avait un génie heureux pour son art, et combien, s'il eût étudié plus longtems à Rome, il eût pu rivaliser pour le grand caractère et la sévérité du dessin avec les plus grands maîtres de cette école, puisque la vue seule des ouvrages de Michel-Ange lui en firent produire un si éloigné de sa manière, c'est-à-dire, beaucoup plus pur et plus correct que tout ce qu'il avait fait jusques-là. En effet, en voyant ces beaux groupes, ces belles poses, ces tournures pleines de caractère, ces formes hardies et soutenues, ces articulations savantes et prononcées, on se rapelle plutôt la chapelle Sixte que les tableaux de Paul Véronèse.

La luxure, la cupidité, l'ignorance et l'assassinat, semblent être les crimes que l'artiste a choisis; tous y sont représentés avec énergie; la luxure, par un homme tenant une femme dans ses bras; la cupidité, cherchant à retenir de l'argent qui s'échappe; l'ignorance, déchirant un livre; et enfin, un scelérat, lié par des cordes, termine cette allegorie. Cette figure de scélérat est d'une beauté même remarquable dans ce tableau, par la justesse et la hardiesse des raccourcis. Le Jupiter est digne en tout du sujet; il est plein de majesté et d'un beau développement.

Le tableau représentant Junon, versant des trésors sur la ville de Venise, tient encore de la même veine, mais le choix du sujet, aussi bien que celui de St. Marc, couronnant les vertus théologales, ne comportant pas de figures nues, le peintre n'a pas eu les mêmes moyens; mais la beauté des poses et des proportions, la noblesse, la richesse, l'abandon des ajustemens, dans ce tableau de Junon, suffisent pour faire voir que le génie de cet artiste s'était élevé.

Le tableau de St. Marc couronnant les vertus théologales, est autant bien composé qu'il pouvait être, quoiqu'il ne soit pas agréable de ligne, car il n'y a rien de plus ingrat à traiter en peinture que les plafonds, surtout lorsque les figures doivent poser, c'est-à-dire, lorsqu'elles ne sont pas dans l'air comme celles du tableau de Jupiter. Dans celui-ci, les vertus sont bien groupées et noblement ajustées : on les distingue facilement à leur attribut. Celle qui représente la charité n'est pas heureusement posée; le petit enfant qui sort dessous le bras gauche ne pourrait pas se tenir ainsi ; le St. Marc laisse aussi à desirer, ses bras et ses jambes semblent trop également déployés. En général, malgré de belles parties, ce tableau n'est pas de la beauté des deux autres.

ECOLE ITALIENNE

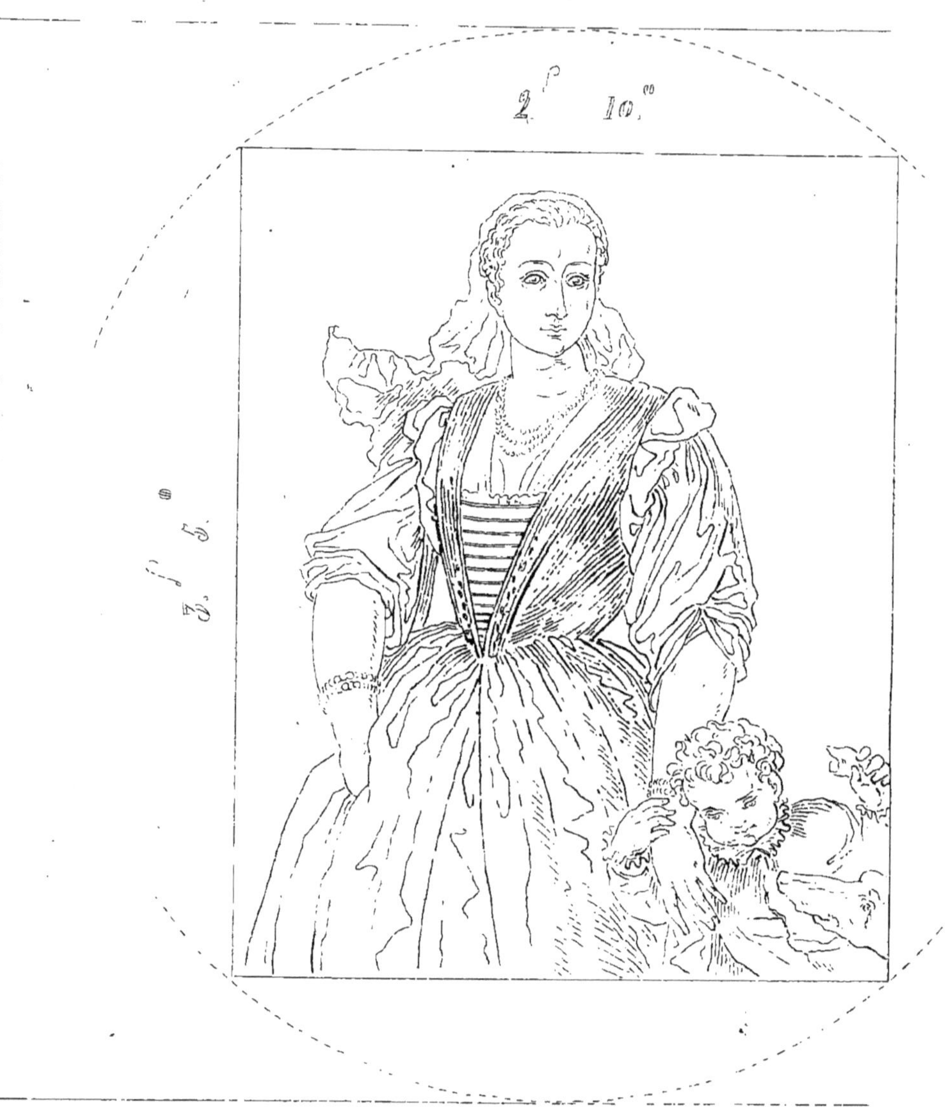

Portrait de femme
PAUL VÉRONÈSE

UN PORTRAIT.

On voit ici que ce n'était pas le genre de Paul Véronèse, sa manière facile de peindre et d'exécuter, qui le rendait quelquefois négligeant, n'était pas propre au genre du portrait.

En considérant les ouvrages du Titien, on voit ce qui manquait à Paul Véronèse. Dans un portrait où le génie n'a pas de grands moyens de se développer, une grande pureté de dessin, une grande vérité de couleur, une exécution facile et soignée sont indispensables, car que lui resterait-il donc? Ce sont toutes ces parties qu'on trouve dans ceux du Titien, qui les ont rendus des modèles pour tous les peintres. On oserait dire que dans celui-ci rien de tout cela ne se trouve, et sans une pose noble et hardie, un ton assez vigoureux et une exécution pleine de facilité, on douterait qu'il soit d'un grand maître. A cette manière de faire, on reconnaît la promptitude de Paul Véronèse, et on devine qu'il n'a pas exigé du modèle plus de deux heures ; il y en a assez pour donner l'ame, mais ce n'est point assez pour un portrait où l'on voudrait retrouver la nature telle qu'elle est.

La tête et les mains du petit enfant sont encore moins terminées que le reste. Quant à l'ajustement de la femme, quoique bisarre, il n'est pas sans grâce ; elle est à la promenade ; son voile, qui semble dérangé par un coup de vent, le fait supposer.

Nous ne possédons de ce maître, que ce portrait au Muséum.

GALERIE ANTIQUE,

OU *Collection des chefs-d'œuvre d'architecture, de sculpture et de peinture antiques.*

PROSPECTUS.

CET ouvrage destiné à embrasser les chefs-d'œuvre d'architecture, de sculpture et de peinture dont se composaient les plus beaux édifices connus dans l'antiquité, et les nombreux accessoires qui les enrichissaient, a été commencé dans des temps difficiles par une réunion d'artistes estimables.

Leur zèle et les efforts qu'ils ont faits pour surmonter les difficultés inséparables de l'exécution d'un plan aussi étendu, mérite de justes éloges.

Ce zèle, encouragé par l'accueil flatteur des gens de l'art les plus habiles et les plus éclairés, s'est constamment soutenu jusqu'à la mort de l'un des éditeurs ; et le public a vu avec satisfaction les huit premières livraisons de l'ouvrage, qui ont fait pressentir le degré d'intérêt et d'utilité qu'une telle collection pourrait offrir pour l'étude et la pratique des beaux-arts.

Il était néanmoins à desirer, pour la plus grande intelligence des monumens et de tout ce qui s'y rattache, que cette collection fût accompagnée d'un texte historique, analytique et descriptif, rédigé par une plume également exercée et savante, qui sût ajouter au mérite de l'exécution soignée des planches, cet intérêt et ces observations instructives qui naissent à la lecture des estimables ouvrages de Stuart, de Leroy, de Choiseul-Gouffier, sur la Grèce et ses monumens.

Ce vœu, fortement exprimé par la plupart des souscripteurs, va être rempli, et la Galerie antique, rendue au commerce et aux arts par la translation de propriété entre les mains de MM. Treuttel et Würtz, offrira, à la fois, les planches gravées au trait avec toute la précision convenable, et le texte nécessaire pour les faire connaître et apprécier sous leurs divers rapports.

M. Legrand, architecte des monumens publics, avantageusement connu dans les arts et dans la littérature, a bien voulu se charger de la rédaction de ce texte ; et les gravures continueront à être soignées par M. Boutrois, et quelques-uns de ses anciens colaborateurs.

En conséquence, à dater de mars 1806, il paraîtra de la *Galerie antique* tous les mois une livraison, composée de huit planches soigneusement gravées au trait, et du texte historique et descriptif nécessaire à leur explication, et aux développemens divers que la théorie de l'art et les détails d'une exécution savante peuvent exiger ; le tout format *in-folio*.

Les nouveaux éditeurs ont pris des mesures qui leur permettent d'espérer que cette publication par mois n'éprouvera aucune interruption.

La première division de l'ouvrage sera consacrée aux monumens de la Grèce, principalement d'Athènes. Après avoir épuisé tout ce que cet ancien pays classique offre de plus digne d'admiration, on passera successivement à la Syrie, l'Égypte, la Sicile, la grande Grèce, l'Italie et la France.

Une division particulière de l'ouvrage sera consacrée aux monumens orientaux. — Cette publication sera disposée en sorte que les monumens de chaque pays forment un corps d'ouvrage, pour lequel on pourra souscrire séparément.

La première livraison sera précédée d'une introduction contenant un abrégé de l'histoire d'Athènes et de ses principaux monumens. L'auteur fera entrer dans son travail la traduction des chapitres nécessaires et les plus intéressans de l'ouvrage de Stuart, qui est désirée depuis longtems par les artistes français, et qui leur offrira l'avantage de connaître les principes différens, et la manière de voir d'une nation rivale, mais éclairée et savante, et pourra contribuer ainsi à détruire certains préjugés d'école que l'on embrasse souvent sans soupçonner leur existence. On joindra à cette traduction des notes explicatives ou critiques toutes les fois que le texte l'exigera.

Une semblable introduction précédera chaque nouvelle division de l'ouvrage.

On souscrit, sans rien payer d'avance, pour une division ou pour la totalité de l'ouvrage. — Le prix de la souscription, pour chaque livraison, texte et planches réunis, est de 8 fr., prise à Paris ou à Strasbourg. Il en sera tiré un petit nombre d'exemplaires sur papier vélin ou papier d'Hollande, propres à être mis au lavis ou en couleur. Le prix de ces exemplaires sera le double du papier ordinaire. Les frais de port pour les départemens ou pour l'étranger sont à la charge des souscripteurs. — On est prié d'affranchir les lettres de demande et l'argent. — Les anciens souscripteurs qui se sont procuré les premières livraisons des planches obtiendront séparément le texte qui accompagnera la nouvelle publication, et quelques planches supplémentaires qui pourront y être jointes, en se faisant inscrire pour la suite de l'ouvrage : *Au Bureau général de la souscription*, *à PARIS*, chez TREUTTEL ET WÜRTZ, libraires, ancien hôtel de Lauraguais, rue de Lille, n°. 17, vis-à-vis les Théatins; et à STRASBOURG, même maison de commerce.

On peut aussi souscrire chez les principaux libraires et marchands d'estampes de la France et des pays étrangers.

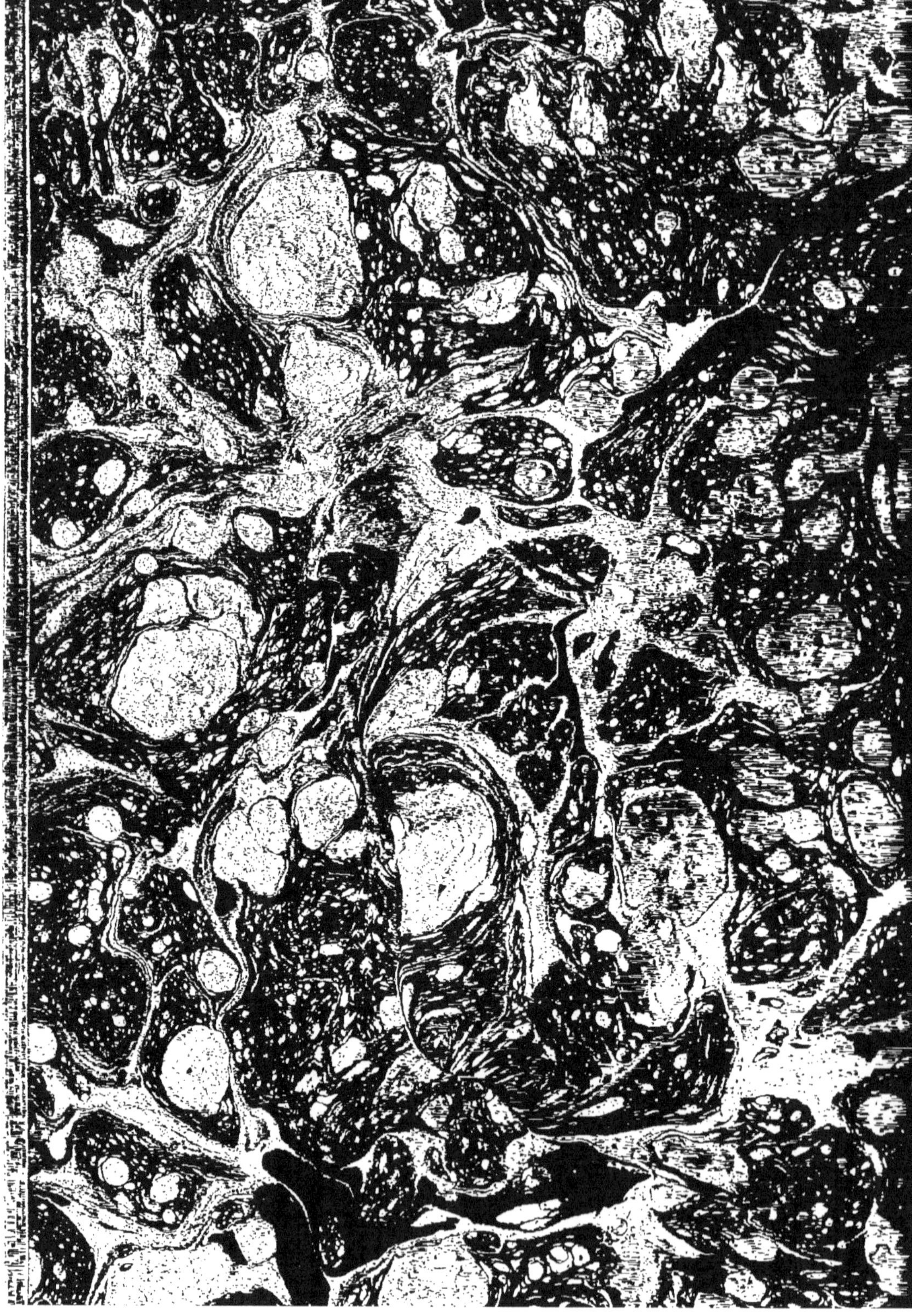

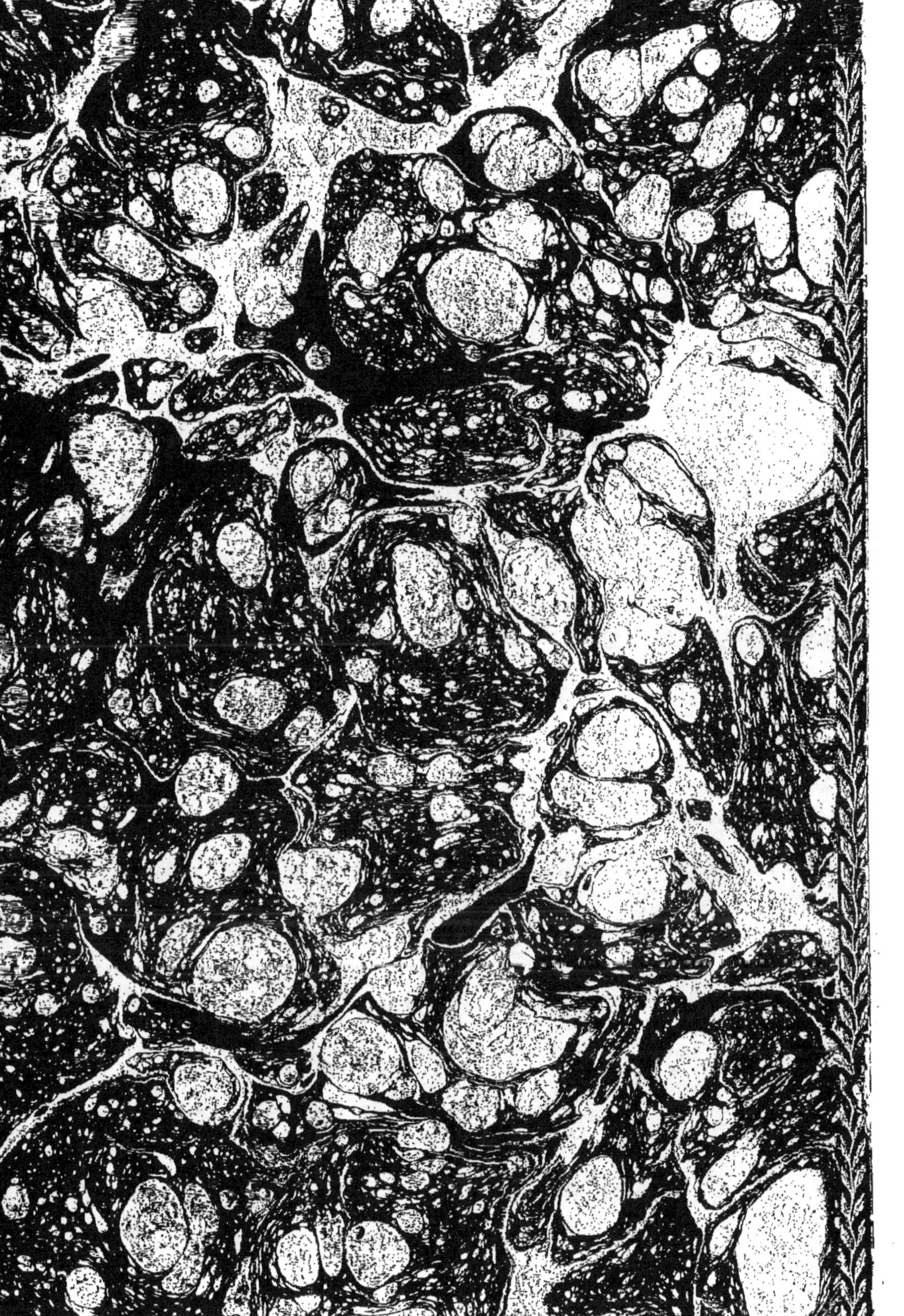